自分を変えたい人のためのABCモデル

改訂版

教育・福祉・医療職を目指す人の応用行動分析学（ABA）

今本　繁 著
Imamoto Shigeru

ふくろう出版

+ はじめに

この本は、行動分析学という学問分野から見た行動の捉え方とその実践方法を解説しています。これまで、応用行動分析は、特別支援教育をはじめさまざまな分野で成果を収めてきました。しかし、我が国では研究分野でもそうですが、まだまだ実践現場での普及が遅れています。学校や福祉現場の職員の方によるとどうも「専門用語が多くて分かり難い」ということのようです。そして、はじめて応用行動分析を学ぶ福祉、医療・看護の専門職を目指す学部生、福祉施設の職員、特別支援教育の教員、子育てに役立てたい保護者の方でも簡単に理解し、実践してもらえるようにABCモデルというものを考案しました。

この本では、難解な専門用語を避けるために杉山・島宗・佐藤・R. W. マロット・M. E. マロット（1998）の『行動分析学入門』産業図書や島宗（2000）の『パフォーマンス・マネジメント』米田出版で使われている「好子」や「嫌子」などの用語を採用しています。行動分析学の概念や用語について、島宗ら（2002）による『行動分析学にもとづいた臨床サービスの専門性：行動分析士認定協会による資格認定と職能分析』を参考にしています。また、行動分析学の基本的考え方は、佐藤（1976）の『行動理論への招待』大修館書店などを参考にしています。さらに深く勉強したい方は、これらの図書を参考になさってください。

この教科書の基本的なコンセプトは、

1．行動分析の基本的な枠組みである「行動随伴性」を理解し、日常の行動について随伴性を分析できるようになる。
2．自身の行動目標を設定し、実際に介入を行うことで応用行動分析による実践法を体験学習してもらう。

の二点です。実際に日常行動の随伴性を分析することは難しいので、授業では演習とフィードバックを通してさまざまな例を学習するようにしています。また、福祉や看護などの実践研究例を入れて専門的なことに興味をもってもらうように努めました。

この行動分析の教科書を執筆する上で触発された考え方は、著者がウエスタン・ミシガン大学のマロット教授の夏期行動分析セミナーに参加した経験から来ています。そこで学んだことは、第一に人間社会でのさまざまな現象や問題をより具体的な「行動の問題」に置き換えて分析する「概念分析」という作業と、第二に、行動を分析し解決策を探る上で、行動の環境要因を明らかにする「機能分析」を行うこと、第三にこれらの道具を駆使して現実の身近な問題の解決を図る「実践の科学」についてです。この教科書を使った授業では、これらの三つの作業を受講者の身近な問題から分析し、解決することを主眼においています。

執筆するにあたり、筑波大学心身障害学研究科の大学院、国立病院機構肥前精神医療センター、社団法人大野城すばる園、西南女学院大学、ノースカロライナ大学医学部TEACCH部（故エリック・ショプラーPh. D.、当時ディレクターだったゲーリー・メジボブPh. D.）のグリーンビルTEACCHセンター（所長のジョン・ダハティPh. D.、スーパーバイザーのテリー・ダットンM. Ed.）、シャーロットTEACCHセンター所長だったジャック・ウォールPh. D.とスタッフの故アン・ウォール氏、ピラミッド教育コンサルタント（株）（アンディ・ボンディPh. D.）で学んだり、経験したりした内容を盛り込みました。大学院在学当時から現在にわたり恩師の小林重雄先生をはじめ多くの小林研究室の諸先輩方やお仲間である梅永雄二教授（早稲田大学）、井上雅彦教授（鳥取大学）、渡部匡隆教授（横浜国立大学）、島宗理教授（法政大学）、山本淳一教授（慶應義塾大学）、杉山尚子教授（星槎大学）、小野昌彦教授（明治学院大学）、野呂文行教授（筑波大学）・園山繁樹教授（島根県立大学）、野口幸弘理事長（社会福祉法人福岡障害者支援センター）、大石幸二教授（立教大学）、松岡勝彦教授（山口大学）そして大分大学の衛藤裕司教授、大阪人間科学大学の日上耕司教授、鹿児島大学の肥後祥治教授からは実践指導や研究知見をいただきました。改めて感謝申し上げます。

実践分野での応用行動分析の普及と発展により、これからも優れた実践や研究が行われ教育・心理・福祉的支援を受ける当事者の方たちの福利向上を心より願っております。

＋目　次＋

はじめに

序章
＋ ABC モデルとは？ ＋

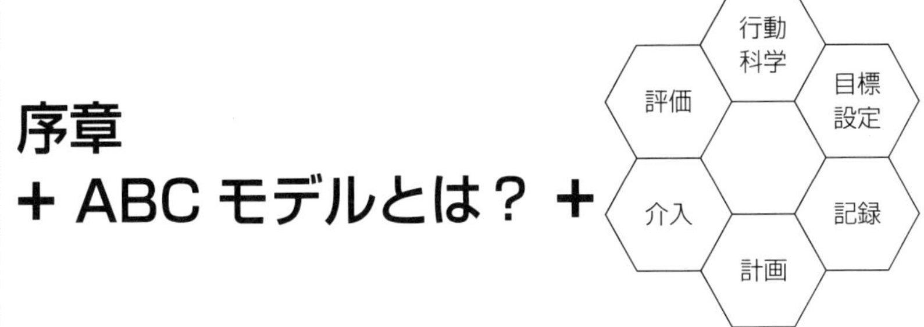

六角形は、蜂の巣や亀の甲羅、雪の結晶などに見られ、自然界で最も耐久性に優れた構造で「ハニカム（蜂の巣）構造」と呼ばれます。ABC モデルは、「ハニカム構造」のようにシンプルで柔軟性があり、相互に繋がりと関係性のある強固な支援を目指します。

ABC モデルの構造

❶行動科学
❷目標設定
❸記録
❹計画
❺介入
❻評価

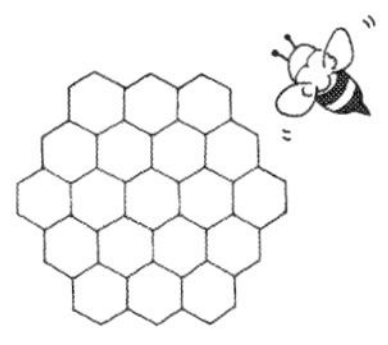

＋　Ⅰ．理論編　＋

１章
＋行動科学＋

具体的で実のある支援を目指す上で、ABC モデルは、科学的な方法論として応用行動分析（ABA）を採用しています。行動分析学では、行動の原因として、“やる気”とか“センス”といった抽象概念や構成概念は排除し、徹底的に環境との相互作用によってとらえるという特徴を持っています。行動分析学では、行動に影響を与える原因を①遺伝的要因②過去の経験③現在の環境との相互作用の３つに集約しています。以下の項目に関してその科学的基盤を説明します。

１．行動とは？

具体的かつ科学的に行動をとらえ支援するためには、行動を明確に定義しておく必要があるでしょう。それを行動かそうでないかを明確にする死人テスト（杉山ら，2005）というものがあります。

死人テスト：行動とは死人にできないことすべて

「命題の逆の反対は真なり」という論理学に従うと「死人にできることは行動ではない」ということになります。以下の練習問題で行動か否かを考えてみましょう。

クイズ 以下の例は行動でしょうか？

a）ボールを投げる

b）静かにしている

c）ゴミを捨てない

d）お土産をもらう

e）晩ご飯を何にするか考える

a）は死人にできないので行動です。b）は、死人はいつも静かですから行動ではありません。c）も死人は何もしませんので行動ではありません。d）の何かをもらうのは行動でしょうか？「いいえ」。亡くなった方も香典などをもらうので行動ではありません。e）はどうでしょうか？死者に意識があるかどうかは、科学の対象を外れていると思うのでここでは議論しませんが、「ボールを投げる」といった外見的な行動（公的行動）以外でも考えるといった個体内で生じること（私的行動）も行動分析学では“行動”として捉えます。

少し整理しておきます。

行動でないもの：状態：〜している
否定：〜しない
受身：〜してもらう

公的行動：個体の外から観察できる行動
例）ボールを投げる、歌う、走る

私的行動：個体の内部で起こる行動
例）見る、聞く、考える、感じる

2. 2種類の行動：レスポンデント行動とオペラント行動

行動が明確に定義できた所で、性質によって行動を分類してみましょう。行動理論では、行動をレスポンデントとオペラントの２種類に分類できます。たとえば、目に光を当てると瞳孔が収縮し暗い場所では拡大します。瞳孔の収縮という行動（反応）は、光という環境刺激によって自動的に生じる現象です。環境刺激にレスポンス（反応）するという意味で、環境刺激によって誘発されたり、自動的に生じたりする行動をレスポンデント行動と呼びます。この場合、行動が生じる（瞳孔の収縮）原因は、行動の前に提示される環境刺激（光）です。

一方、皆さんは暗い部屋に入ってきた時、照明のスイッチを押して部屋を明るくするという経験を日々されていると思います。環境をオペレート（操作）して環境を変えるという意味で、環境に自発的に働きかけて環境を変える行動をオペラント行動と呼びます。この場合、行動が生じる（照明のスイッチを押す）原因は、行動の直後の環境変化（部屋が明るくなる）です。なぜなら、何度スイッチを押しても部屋が明るくならないなら、押すのを止めてしまうからです。整理してみましょう。

レスポンデント行動とオペラント行動

行　動	違いと具体的な事例
レスポンデント行動	環境刺激によって誘発されたり自動的に生じたりする行動（反応）。 行動の原因は、直前の環境刺激 例）瞳孔の収縮、唾液分泌、発汗、心拍数の上昇、血圧の上昇
オペラント行動	行動を自発することによって環境の変化をもたらす行動(反応)。 行動の原因は、直後の環境変化 例）ボールを投げる、スイッチを押す、手紙を書く、「お茶注いで」と言う

3．学習とは？レスポンデント学習とオペラント学習

私たちは、楽器を弾けるようになるとか、自転車が乗れるようになるとか、何か新しいことを学んだり、できるようになったりするとうれしいですが、この「学習」というのは、どういうことなのでしょうか。行動論的には、学習とは、行動の変化がある程度の期間続くことを言います。

学習：行動の変化が続くこと

次に行動はどのように新しく変化していくのかを見てみましょう。行動には、レスポンデント行動とオペラント行動がありましたので、それぞれのプロセスを説明します。

1）レスポンデント学習

皆さんは、「梅干し」という言葉を聞いて、身体にどういう行動が生じますか？そう、おそらく、梅干しを食べたことのある多くの人は、酸っぱい感覚と口の

中に唾液が増えていくのを感じると思います。でも実際に梅干しが口に入っていないのに、どうしてそうなるのか不思議ですよね。これはレスポンデント学習によるものです。

レスポンデント学習のプロセスは以下の通りです。梅干しを食べたことのない人は、「梅干し」という言葉を聞いても、ピンときません。試しに日本に来たばかりの外国人に「梅干しどうぞ」と言って食べてもらってみてください。おそらく、顔を思いっきりしかめっ面にして「what a puke!」などと言いながらびっくりするような反応をするでしょう。その次会った時に「梅干し食べる？」と言ったとたんに、その外国人はしかめっ面になって口の中に唾液があふれるのを感じるでしょう。それまで「梅干し」という言葉に何の反応も示さなかったのに、ある経験の後に、しかめっ面になり口中に唾液があふれ出すというのは新しい行動を学習したということです。

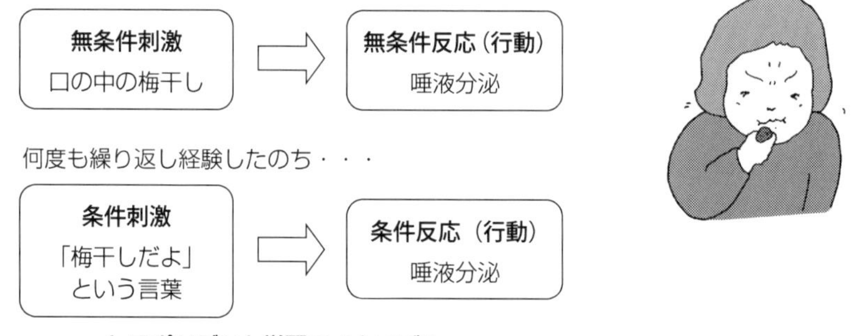

レスポンデント学習のメカニズム

2）オペラント学習

タロウ君が初めて訪問した友だちのジロウ君のお宅でトイレを使わせてもらい、洗面所で手を洗おうとしましたが、何やら水道に見慣れないレバーがついています。押しても、横に動かしても水は出ません。そこで上に引っ張り上げてみると勢いよく水が出てきました。それ以来、タロウ君はジロウ君の家に行く度に不自由なく水道が使えています。タロウ君は、ジロウ君の家の新しい水道を使う行動を学習しました。これはオペラント学習と呼ばれるものです。

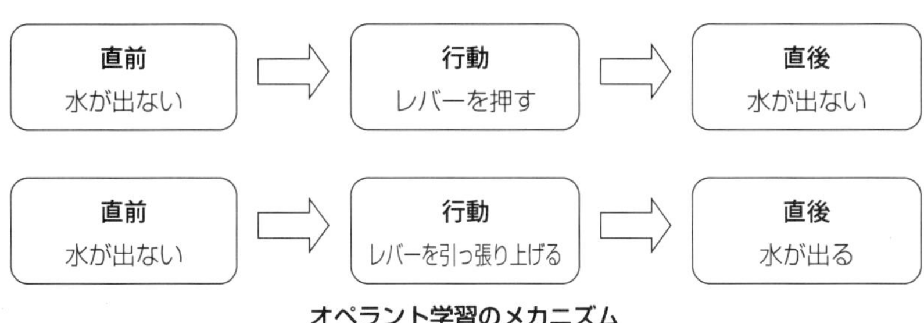

オペラント学習のメカニズム

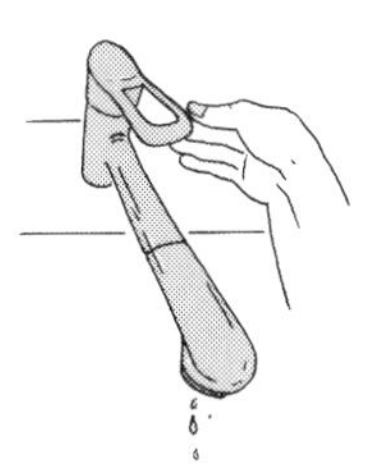

タロウ君はジロウ君の家で水道を使うときに「レバーを引っ張り上げる」という新しい行動を学習しました。このようにオペラント学習は、行動の直後に有効な環境変化が起こった時に生じます。レスポンデント学習とオペラント学習をまとめてみます。

レスポンデント学習とオペラント学習

名　称	違　い
レスポンデント学習	行動を誘発する無条件刺激とある中性刺激が繰り返し随伴することで、その中性刺激が条件刺激に変化し、新たに条件刺激が行動を誘発するようになる。
オペラント学習	行動の直後に有効な環境変化が生じた時に、将来的にその新しい行動が生じやすくなる。直後の環境変化により特定の行動が繰り返し生じることを強化と呼ぶ。

4．強化と弱化

前項で、オペラント行動によって環境の変化をもたらしたかどうかを図示したものをABCダイアグラム（杉山ら，2005を参考）と呼びます。タロウ君はジロウ君の家で水道のレバーを引っ張った直後に水が出ました。そしてジロウ君の家に行って手を洗う度に同じ行動を繰り返し定着するようになりました。将来的に新しい行動が何度も繰り返し起こるようになることを「強化」と言います。行動（レバーを引っ張る）の直後に環境刺激（水）が生じることで、将来の行動の生起頻度が上がる時の環境刺激を「好子（こうし）」と呼びます。

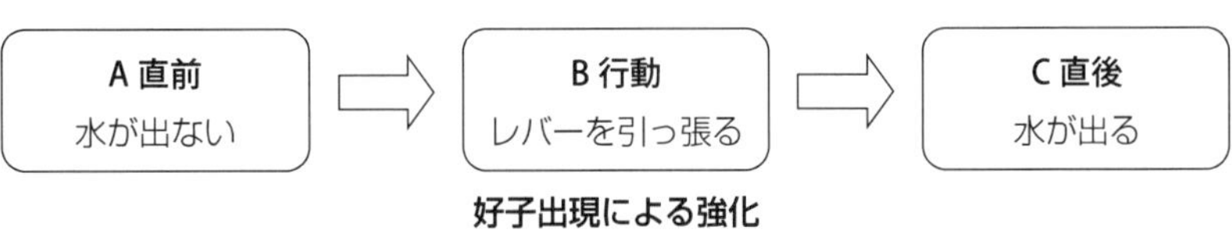

好子出現による強化

強化：行動によって生じた環境変化によって将来、その行動の生起頻度が上がること。

行動が強化されるパターンは、もう一つあります。たとえば、雨が降りそうな日に傘を持って街を歩いていました。しばらくすると天気予報の通りに突然、雨が降り出しました。すると持っている傘をすぐにさすと思います。これは日常よく経験する行動ですが、これを行動ダイアグラムで示すとこうなります。

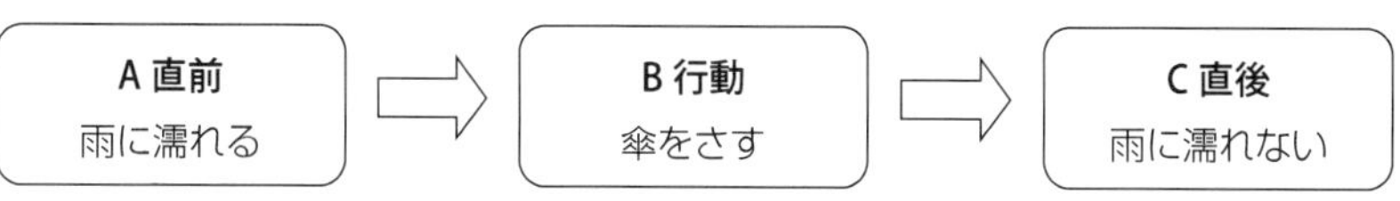

嫌子消失による強化

この場合は、傘をさすという行動によって雨に濡れるという環境刺激を回避できるわけです。行動（傘をさす）の直後に環境刺激（雨に濡れる）がなくなることで行動の生起頻度を上げる環境刺激を「嫌子（けんし）」と呼びます。少し用語を整理しましょう。

好子：行動の直後に生じることで行動の生起頻度を上げる環境刺激。

嫌子：行動の直後になくなることで行動の生起頻度を上げる環境刺激。

感覚的には個体にとって好ましい環境刺激を好子、嫌悪的な環境刺激を嫌子と捉えられるでしょう。しかし水道水も雨水も同じ「水」でありながら、状況によって好子となったり嫌子となったりするので、非常に相対的なものとなります。単なる好き嫌いで好子、嫌子を捉えるのではなく、行動に与えた影響により定義した方が確かなようです。

行動が生じる環境変化について述べてきましたが、次に行動が減る環境変化について考えてみましょう。週末に私があるショッピングモールのテーブルに座って飲み物を飲んでいると近くのテーブルにいた中学生のグループが飲み終わったペットボトルを離れたゴミ箱に投げ入れる遊びを繰り返していました。私は眉間にしわを寄せてその様子を凝視すると、私の気配に気が付いた中学生はぴたりとペットボトルを投げるのを止めました。中学生の行動をダイアグラムで図示してみましょう。

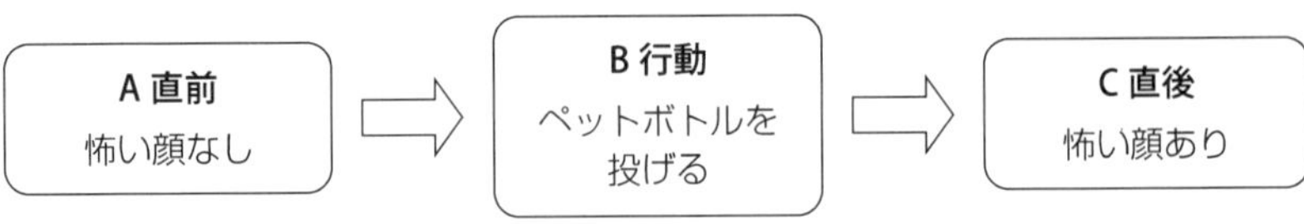

嫌子出現による弱化

このように行動によって生じた環境変化によって、将来の行動の生起頻度が下がることを「弱化（じゃっか）」と言います。この中学生の例の場合、行動の直後に環境刺激（嫌子）が生じることで、行動の生起頻度が下がりました。

弱化にはもう一つのパターンがあります。同じようにショッピングモールでの出来事です。小学校低学年の子どもがお母さんに２段重ねのアイスクリームを買ってもらいました。その子どもは嬉しくなったのか、自分たちのテーブルに急いで戻ろうとして上の段のアイスを落としてしまいました。その子は悲しそうな顔をして、お母さんはガミガミ言っています。そして次の瞬間、その子は急いで戻るのを止めてゆっくり歩いてテーブルに戻りました。子どもの行動をダイアグラムで表してみましょう。

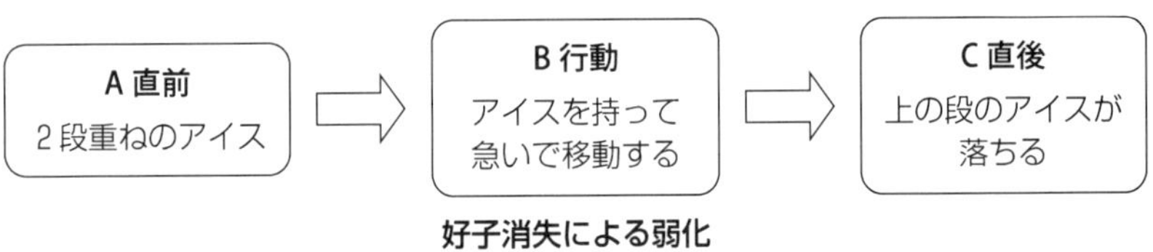

好子消失による弱化

この場合は、急いで移動する行動は、直後に環境刺激（好子）が消失することで、次の行動の生起頻度が下がりました。このように行動の直後に嫌子が生じたり、好子がなくなったりすると行動が起こらなくなります。行動が起こったり起こらなかったりするパターンを整理してみましょう。

強化	好子出現による強化	行動の直後に好子が生じることで行動の生起頻度が上がること。
	嫌子消失による強化	行動の直後に嫌子がなくなることで行動の生起頻度が上がること。
弱化	嫌子出現による弱化	行動の直後に嫌子が生じることで行動の生起頻度が下がること。
	好子消失による弱化	行動の直後に好子がなくなることで行動の生起頻度が下がること。

行動が生じなくなるパターンは、もう１つあります。それはジロウ君の家の洗面所の出来事を思い出してください。洗面所でレバーを押しても水が出ませんでした。行動しても、環境に何も有益な変化をもたらさないと行動はなくなってしまいます。これは「消去」と呼ばれる現象です。消去の状況におかれるとレバーを横に動かすなどさまざまな行動パターンが生じたり、一時的に行動の強度が強まったりしますが、これは「バースト」と呼ばれる現象です。

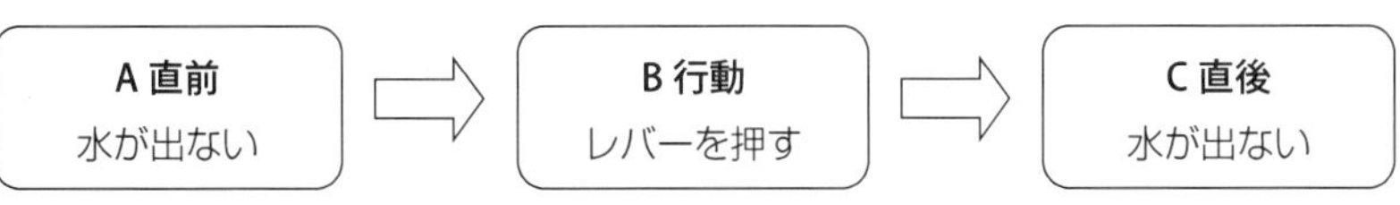

5．刺激制御と弁別刺激、動機づけ操作

店に出かけて洋服などを買う場合に、シーズンが過ぎる毎に店が割引するようになりますね。その場合セールを狙って店に行くといつもよりも安く買えるので、店に寄ってセールになっているかどうかを確かめて買い物をするでしょう。この場合の買い物行動を分析してみましょう。

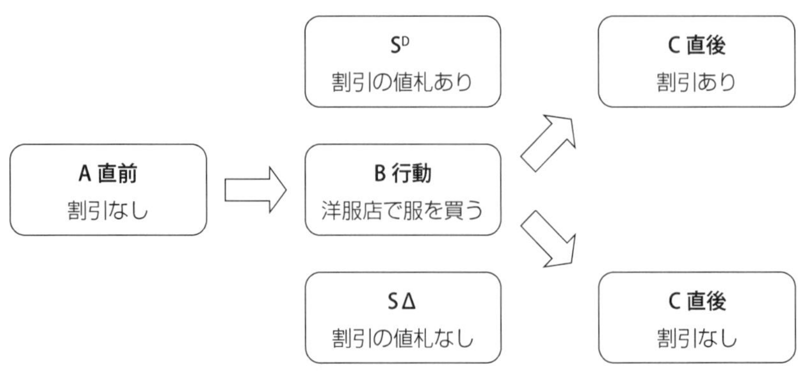

この場合、割引の値札がある時の方が、買い物行動は強化されやすい。割引の値札のように、行動を強化する手掛かりになる環境刺激のことを「弁別刺激」と言い、S^D（エスディ：discriminate stimulus の略）という記号で表します。値札がない場合は、あまり行動が強化されません。弁別刺激がない状態をSΔ（エスデルタ）で表記します。

弁別刺激 S^D：その環境刺激がある時に行動が強化・弱化され、その刺激がない時にはその行動が強化・弱化されない環境刺激。

刺激制御：弁別刺激 S^D の有無によって行動が起こったり、起こらなくなったりするようになること。

休みの日に街やショッピングモールで買い物をしていてお腹が空くと、ついおやつを買って食べたくなります。食事の直後は、そうではないのですが、この場合、どのように捉えられるでしょうか。

お腹が空くという状態は、食事から時間が経過したり運動をしたりした後に高まり、おやつなどの食べ物（好子）に対する行動の強める価値を高めます。好子や嫌子の効力に影響を与える出来事や状態のことを動機づけ操作（MO：motivational operation）と呼びます。

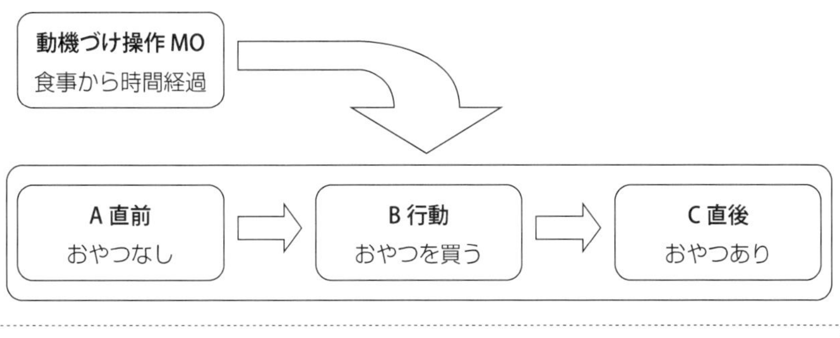

動機づけ操作 MO：特定の好子や嫌子の効力に影響を与える操作や要因。

これまでは、基本的な行動科学の法則性について述べてきましたが、次にもう少し複雑な行動について説明しましょう。

6．言語行動

1）要求言語行動（マンド）

自宅から出かける時に雨が降っていたら私たちは自分で傘をさして出かけます。これは嫌子消失による強化による自身の行動の例です。その時、私たちは自分で傘を「取る」わけですが、もう少し複雑な行動レパートリーも持っています。友だちの家から帰るときに雨が降り出して傘を持って来ていなかった場合どうするでしょうか？おそらく友だちに「傘貸してくれる？」と頼んで友だちに傘を借りると思います。これは自分で傘を取るのではなく、人から傘を貸してもらいました。その時に取った行動は「言語行動」と呼ばれるものです（Skinner, 1957）。

言語行動：他者を仲介として強化される行動で、その行動形式は言語共同体の中でオペラント学習されたものである。

上の例でいうと他者は友だちで、私たちが「傘貸してくれる？」という言葉は、日本語の言語共同体の中で学習して獲得したものです。英語の言語共同体の中で「傘貸してくれる？」という言葉を発しても強化されない（つまり、傘を貸してもらえない）でしょう。

言語行動は、他者に与える影響によっていくつか分類されます。いくつか代表的なものを紹介します。上記の例は、要求言語行動（マンド）と呼ばれるものです。これを行動ダイアグラムで表します。

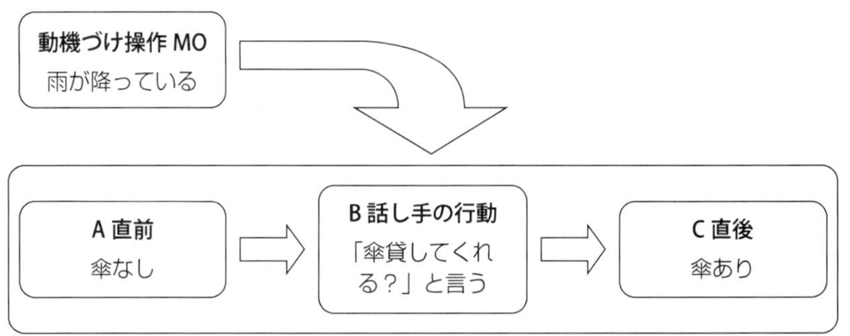

要求言語行動 マンド：行動は特定の具体的好子によって強化され、欠乏状態や嫌悪刺激に関連した影響下にある言語行動。

2）報告言語行動（タクト）

私が駅のホームで電車を待っているとおばあさんが、ハトのフンで汚れたベンチに気が付かないで座ろうとしていました。そこで「ベンチ汚れていますよ！」と注意を促すと「どうもありがとうね」と言って、きれいな方のベンチに座られました。私の話し手としての行動は、報告言語行動（タクト）と呼ばれるものです。

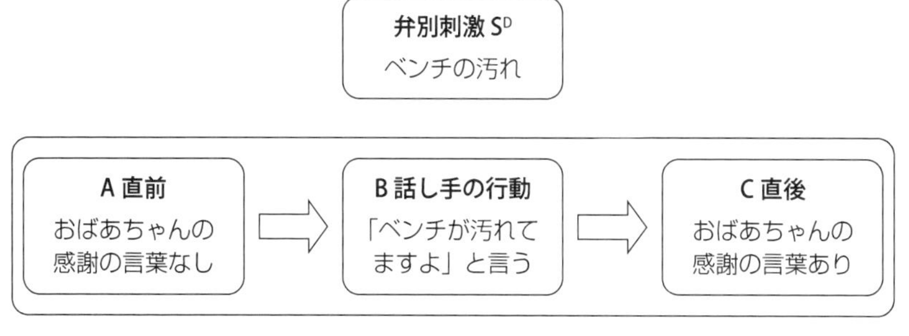

報告言語行動　特定の物や事象あるいは物や事象の特性によって自発され、聞き手の
タクト：　人的好子によって強化される言語行動。

3）その他の言語行動

旅先でタクシーなどに乗ると運転手さんに「お客さんどこから来たんですか？」と聞かれ「九州なんですよ・・・」と会話が弾むこともあります。このように話し手の言語刺激に誘発されて発せられ、それに対する話し手の応答言語行動が１対１対応になっていない場合、言語間制御行動（イントラバーバル）と言います。これは、質問に応答したり、会話を続けたりするのに重要な言語行動と考えられます。

言語間制御行動 イントラバーバル：	聞き手の言語刺激によって誘発される言語行動で、その聞き手の言語刺激と話し手の応答言語行動とは１対１の対応関係はない。聞き手によって提供される人的好子によって強化される言語行動。

先生が「でんしゃ」と言って、子どもが「でんしゃ」と言葉をまねて言う場合、これを音声模倣行動（エコーイック）と言います。これは、言語の初期発達において重要な言語行動と考えられます。

音声模倣行動 エコーイック：	聞き手の言語刺激によって誘発される言語行動で、刺激と同じ音声パターンを生じる反応である。聞き手によって提供される人的好子によって強化される言語行動。

他にも、書き取り行動（聞いたことを文字に書き換える行動）、書き写し行動（文字を文字に書き換える行動）、読字行動（文字を読む行動）などの基本言語行動があります。

7．ルール支配行動とルール学習

先に行動の種類として、環境刺激によって誘発されるレスポンデント行動と、環境を操作し変化させる能動的なオペラント行動について述べましたが、人間は言語に関連してより複雑で高次な行動を獲得しています。先にオペラント学習の例で、タロウ君が友だちのジロウ君の家で水道の操作を学習した場面を思い出してください。タロウ君は初めて見る水道の操作が分からず、レバーを押したり横に動かしたりして試行錯誤しました。そして引っ張った時に水が出たことから、レバーの操作を直接の経験から学習しました。これを随伴性形成行動と言います。

しかし、ジロウ君がタロウ君にあらかじめ「手を洗うときは、レバーを引っ張れば水が出るからね」と説明してくれていれば、タロウ君は試行錯誤せずに一発で水を出したことでしょう。このように「○○の時に△△すれば□□になるよ」という行動と環境変化の関係を記した言語刺激をルールと言います。そのルールに沿った行動が自発されることをルール支配行動と言います。

ルール：行動がもたらす環境変化について記述した言語刺激。

随伴性形成行動：行動による環境変化に影響を受けて形成された行動。

ルール支配行動：ルールに影響を受けて生じた行動。

ルール支配行動は直接経験しなくても、一発か数回で新しい行動を自発できるメリットがあります。ルール学習のできる言語のレパートリーを持っている人は、格段に学習能力が高まります。多くの人が学校で学ぶのはルール支配行動で、科学の発展もこのルール支配行動によるものです。しかし、何か直接的な好子や嫌子が働かなければ、やがて行動が自発されなくなります。たとえば、ジロウ君が「レバーを横に動かせば水が出るよ」と言ったら、タロウ君は何度かそのルールを試すかもしれませんが、実際に水が出ないので止めてしまいます。あるいは自分で新たな行動を試すでしょう。

ここまで、ABC モデルの科学的基盤である行動科学についての概略を説明しました。他にもたくさんの知見が蓄積されていますが、それは追々ご紹介しましょう。次に ABC モデルに沿った支援の進め方やそのノウハウについて説明します。

練習問題1

以下の例はレスポンデント行動ですか？オペラント行動ですか？

❶川の土手を走る

❷熱い鍋に不意に手が触れて手を引っ込める

❸目の前に虫が飛んできて目をつぶる

❹関取が相手を土俵際に押し込む

❺細かい粉末が飛んできてくしゃみをする

❻鼻水が出たのでティッシュペーパーを取ってくる

練習問題２

以下の例はルール支配行動ですか？それとも随伴性形成行動ですか？

❶複数のアラーム時計をベッドから遠くに置くことで、早起き行動を促す

❷「早起きしたら、好きなパンが食べられるよ」と伝えて早起き行動を促す

❸賞味期限のある生鮮食材を買うことで調理行動を促す

❹「調理が終わったらおやつを食べるぞ！」と決めて調理をする

2章
＋目標設定＋

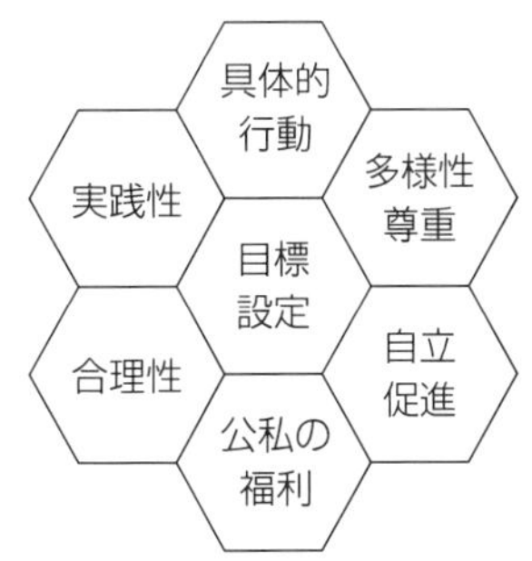

実際の支援をスタートする上で目標を明確にすることは大切です。そのためにABCモデルが重視しているポイントや大切にしたい価値観をお話ししましょう。

私たちが目標を考える時に自身や他者の幸せや生きがいを無視することはできないでしょう。行動科学で有名な心理学者のスキナーは、1979年に来日した際の講演で「生きがいとは、単に好子を手にしていることではなく、それが結果としてもたらされるように行動することの中に見出される」と述べています(Skinner, 1990)。好子という言葉の中には、「健康」「お金」「美味しい食事」「趣味」「職業」「恋人」「結婚」「家族」などさまざまなキーワードが当てはまります。幸せはそれらを手にしているだけでは得られない、その目標に向かって努力し行動する中に見出せるというのは何とも含蓄に富んだ言葉だと思います。

そこでABCモデルでは、生活の質や健康を向上させるための行動、スキルを獲得し自立に必要な行動、問題解決に役立つ行動、家庭・学校・施設・地域などさまざまな場面で機能し幸せに暮らすための行動を支援することを目標とします。また抽象的な目標ではなく「行動」というキーワードを使って具体的で明確な目標設定を行います。

達成目標を決める

自分を変えたい具体的な達成目標を洗い出すためにマンダラート（今泉, 1988）という技法が役立つかもしれません。近年では、メジャーリーガーの大谷選手が目標達成のために応用されたことで注目されました。マンダラートは、3×3のマス目の真ん中に達成目標を記入し、その周囲の8マスにそれを達成するためにすることや関連することを記入していきます。さらに周囲の8マスの内容を具体化するために、別の3×3のマス目の真ん中に周囲の8マスの1つを記入し、それを実現するためにすることや関連内容を周囲の8マスに記入していきます。

身体づくり	コントロールをつける	ボールのキレを磨く
メンタルを鍛える	8球団からドラ1位で指名	160キロの速球を投げる
人間性を向上させる	運を良くする	変化球を磨く

⇨

軸で回転する	下肢を強化する	体重を増やす
体幹を強化する	160キロの速球を投げる	肩回りを強化する
可動域を広げる	ライナーキャッチボールを行う	ピッチングを増やす

1．行動目標の選定：行動に照準を合わせる

問題を解決するためには、まず問題を引き起こしている行動は何か？　問題を改善するために必要な行動は何か？　を明らかにしなければなりません。行動が明確に定義されれば、行動を観察して、行動随伴性を明らかにし、行動の法則を応用することによって問題を改善することが可能です。

たとえば、肥満が問題になっているとしたら、問題を引き起こしている行動の1つは「カロリーの高いものを多く食べる」「運動をする機会が少ない」であり、問題を改善するために必要な行動は「適量を食べる」「カロリーの低い食物を食べる」「適度な運動をする」などがあげられるでしょう。部屋が汚いことが問題となっている場合では、改善するために必要な行動として「持ち物を整理する」「衣服や本を片付ける」「部屋に掃除機をかける」などがあげられるでしょう。交通事故の問題も、問題を引き起こしている行動は「スピードを

出して運転する」や「お酒を飲んで運転する」などであったり、問題を改善するための行動は「シートベルトをしめる」「車間距離を守って運転する」「お酒を飲まないで運転する」などです。他にもさまざまな行動が考えられると思います。このように、人間によって引き起こされる問題は、全て行動のレベルに還元することができるはずです。このように抽象的な問題を具体的な行動に置き換える作業を概念分析（島宗，2000）といいます。

概念分析：抽象的な問題や課題をより具体的な行動に置き換えること。

問題となっている状態と問題を起こす行動を区別する

問題となっている状態	問題を起こす具体的な行動
肥満	・運動する機会が少ない ・カロリーの高いものを多く食べる
テストの成績が悪い	・授業の出席が少ない ・勉強する機会が少ない ・間違った方法で勉強する ・授業中に他のことをする
交通事故	・スピードを出しすぎる ・携帯電話をしながら運転する ・脇見運転する ・お酒を飲んだ後に運転する ・寝不足で運転する

1968年、行動分析家のベアー、ウォルフ、リズレイは、社会的に重要な行動を目標としなければならないと主張し、以下のような行動目標を選択する上での基準を提案しました（Bear ら，1968）。

行動目標を選定する基準

---

❶客観的で測定可能な表現で目標を記述する。
❷その行動目標は、本人や周りの人に利することである。
❸その行動目標は、実現可能性が高い。
❹行動目標は、不適切な行動を抑制するよりも、なるべく適切な行動を発展させるものであることが望ましい。
❺目標を達成するためのプログラムは、対象者の基本的人権を侵すものであってはならない。

実現可能性についてですが、欲張って複数の行動目標を立てても、達成するのは難しくなります。以上のような基準を考慮しながら、最小の努力で最大の効果があがりそうな行動目標を選ぶことが大切です。たとえば、上記の「運動する機会が少ない」といった行動の場合も、「家で腹筋や腕立てなどの運動をする」「フィットネスクラブでエアロビクスをする」「プールで泳ぐ」「通学途中でバスを使わずに歩く距離を長くする」などさまざまな方法があります。学生でお金がなければフィットネスクラブに行けないかもしれませんし、家では運動が続かないといったこともあるでしょう。一番有効で効果的な目標選びが大切です。

2. 行動目標の書き方

改善したい、身につけて欲しい行動について目標を考える時には、具体的に表記することが大切です。そのため、アルバートとトルートマン（1999）は、以下の内容を網羅するように提案しました。

行動目標に網羅されるべき事項

---

❶対象者
❷標的行動
❸行動が実施される場面や状況
❹行動の達成基準

1）対象者を明らかにする

まず支援や相談の対象となる人は誰か？誰の行動を分析し改善する必要があるのか？という問題です。先日、私はある特別支援学校の先生から相談の依頼を受けました。その先生の相談は、小学部３年のあるお子さんは、久しぶりに経験することや初めてのことに対して拒否がひどく、大声で癇癪を起こすのでどうにかして欲しいという内容でした。このように初めてのことに対して拒否がひどいのは、自閉症スペクトラム障害の人によくみられる行動の１つですが、先生はそのお子さんの混乱を予防するのに必要な教育的支援の手立てを取らずに、子どもの行動が変わって欲しいと願っていました。この場合に行動を変える必要があるのは先生の方だということです。私たちの社会では子どもから高齢者まで、さまざまな年代の障害のある人が共存して暮らしています。その人にできないことを無理強いするようなことはしたくありません。

さあ、その目標を達成するために行動を変える必要があるのは誰ですか？

例 私自身、友だちのＡさん、Ｂ先生、お父さん、職場の同僚数人、会社のＣ上司

2）標的行動を明らかにする

行動目標の記述が抽象的であいまいだと、何をどのように改善すればいいのか、改善したのかどうかもはっきりしません。そこで、行動目標を客観的で具体的に定義したかどうかを判断するために、モリス（1976）の基準が役立つでしょう。

客観的な目標かどうかのモリスの基準

❶その行動を測定できる：その行動の回数を数えることができる。あるいはその行動の持続時間を測ることができる。
❷第三者にもその行動が測定できる。
❸その行動は、それ以上細かい行動単位に分解できない。

あいまいな標的行動と具体的な標的行動の例

あいまいな標的行動の例	具体的な標的行動の例
忍耐力を身につける	・授業中、私語をしないで先生の話を聞く ・90 分間、椅子を離れないで講義を聴く
整理整頓を心がける	・起床時、布団を押入れにしまう ・床に散乱している洗濯物をタンスにしまう ・机の上の書類や本を本棚に片付ける
早めに行動する	・授業の 5 分前に席に着く
早起きする	・朝 6 時に起きる
パートナーに愛情を注ぐ	・誕生日や記念日に必ずプレゼントする ・レストランに入る時先にドアを開ける ・帰宅するときに必ず電話を入れる ・髪型を変えたときにほめる

3）行動が実施される場面や状況を明らかにする

これは、行動がどういう場面や状況で実施されれば良いのかを明らかにすることです。つまり、いつ、どこで、どのような「A. 手がかり」のもとで目標とする行動が起こるのかを明らかにします。

あるいは、全ての場面で行動を実行したり、記録したりすることが難しい場合は、場面を限定します。たとえば、「授業中、私語をしないで先生の話を聞く」といった行動目標に対して「行動科学」と「発達心理学」の授業に限定するなどです。

4）行動の達成基準を明らかにする

これは、どの程度までできたら、行動目標が達成できたとするのか基準を決めることです。つまり、行動の「正確さ」、「回数」、「続く時間」、「行動が起こるまでの時間」などの基準を決めます。

達成基準設定の例

標的行動の例	その達成基準の例
運動をする	毎日、腹筋を 30 回する 週に 2 回スポーツジムで 30 分間運動する 毎日ジョギングを 20 分間する
読書する	毎日寝る前に 5 ページ本を読む 毎月、1 冊本を読む

以下に行動目標の書き方の具体例を挙げるので、参考にしてください。

例 1

対象者：自分自身

行動目標：1日1時間クロールの練習をする

行動が実施される場面や状況：放課後、スイミングスクールにおいて

達成基準：1ヵ月後クロールで 25m 泳げるようになる

例 2

対象者：父親

行動目標：脱いだ服を洗濯かごに入れる

行動が実施される場面や状況：会社から帰宅後、風呂に入る時

達成基準：週３回は脱いだ服を洗濯かごに入れるようにする

練習問題 1

行動目標に網羅すべき４つの事柄は何でしょうか。また客観的な目標かどうかを判断する基準は何ですか。

練習問題 2

バスケットボール部のケンイチさんは、「クラブで一生懸命がんばる」という行動目標を立てました。これは客観的な目標でしょうか？もしそうでなければ、どういう目標を作ればよいですか？例をあげてみてください。

3章 + アセスメントと記録 +

ABC モデルでは、行動は環境との相互作用によって生じると考えるので、行動と環境がどのような関係性にあるのかを評価する必要があります。そのために、さまざまな記録フォームを使って環境を観察し、評価のためにそのデータを整理するようにします。

記録やデータということに関して言うと、記録することが組織の決まりになっているから記録をする、法律や規則で決まっているから記録をする、監査があるから記録をまとめるということがあると思います。しかし ABC モデルで言う記録はちょっと違います。

そもそも記録を取るのは誰のため、何が目的でしょうか？自分や周りにいる人の行動をより良い方向に変えたいのが目的です。ですから、基本的に記録を取るのは自分のためです。研究発表や実践発表のように他者に成果を伝えるとか、役立ててもらうことが目的であれば、自分と対象となる他者のためになります。

1．数値記録

私たちは、普段、見た目の印象に頼って行動を判断することが多いと思います。「ヨウスケ君は、最近随分やる気が出てきたな。」とか「ヨウコさんのプレーは積極性がなくなってきた。」などです。しかし、これでは、いつ頃からどの位行動が変化したのかを知ることができません。行動を正確に観察・測定する

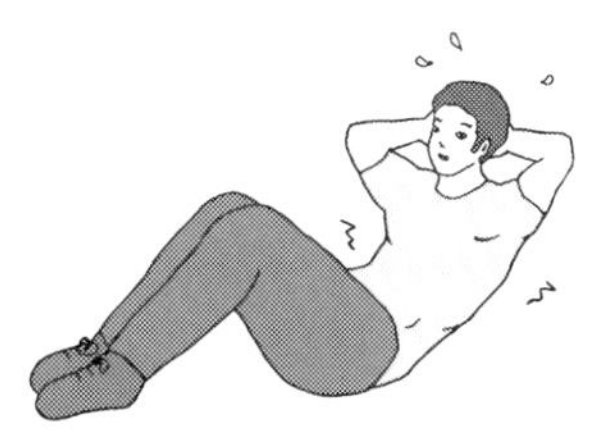

ことで、その人の行動を改善する最適な方法を見出すことができますし、行動の観察と測定によって、その人に提供しているプログラムや支援方法の効果を正確に知ることができます。その中で数値記録は、より客観的な記録と言えます。

1）行動の生起数を測定する

行動の始まりと終わりが明確であり、行動の生起頻度が数えられないほど頻繁でない場合、この記録法が適しています。
例）腹筋をする、脱いだ服を洗濯かごに入れる、一週間で居間に掃除機をかけた回数、一週間にスポーツジムに行った回数

記録例

父親が風呂に入る時脱いだ衣類を洗濯かごに入れる

日付	5/15	16	17	18	19	20	21
入れたかどうか	○	×	×	×	○	○	×

2）インターバル記録法

行動の始めと終わりが明確でない短時間で数多く生じる行動や持続時間が長い行動は、１つ１つの行動を数えることが難しいので、「インターバル記録法」を用います。

授業中の私語の割合、貧乏ゆすり、ペン回しなどの癖など短い時間間隔で断

続的に起こるような行動は、数秒から数十秒の時間間隔で記録を取ると良いでしょう。授業中の居眠りや悪い姿勢など割と長時間続くような行動は、数分から十数分の長い時間間隔で記録を取るタイムサンプリング法を使うと良いでしょう。

記録例

貧乏ゆすりをしている割合を記録するための授業の中頃
10 分間、15 秒間隔で記録するインターバル記録

秒 / 分	0 ～ 14	15 ～ 30	31 ～ 45	46 ～ 59
0	×	×	×	×
1	×			×
2	×	×		
3		×	×	
4	×	×	×	
5			×	×
6	×		×	×
7	×			
8				
9			×	×

この記録例では、15 秒間隔で、10 分間記録するようになっています。チェックする時間間隔は行動の性質や観察のしやすさなどを考慮して決めます（数秒から数十秒くらいまで）。全体の観察時間（数十分から日単位くらいまで）も任意に決めます。時間間隔の合図は、時計やストップウォッチを参照しながら行う場合もありますが、参照している間に行動の生起を見逃してしまう可能性があります。より厳密に測定する場合、時間間隔の合図を録音してお

いてそれを聞きながら記録する方法もあります。行動が生起していた割合は、×の数を全体のマス目の数で割った値に100をかけて計算します。21 ÷ 40 × 100で約53%の割合ということになります。

インターバル記録法は３種類あります。

❶**全体時間間隔記録法**：ある10秒の間隔の間、ずっと席を立っていたら×印を入れます。持続時間の長い行動を観察する時に適しているでしょう。
❷**部分時間間隔記録法**：ある10秒の間隔の中で、一瞬でも席を立ったら×印を入れます。短時間の間に頻度が高い行動を観察する時はこちらが適しているでしょう。
❸**タイムサンプリング法**：時間間隔の終わりに対象者を観察して、その時点で席を立っていれば×印を入れます。行動の始めと終わりが明確でない姿勢や状態など長く続く行動に適しています。時間間隔は数分から十数分くらいです。

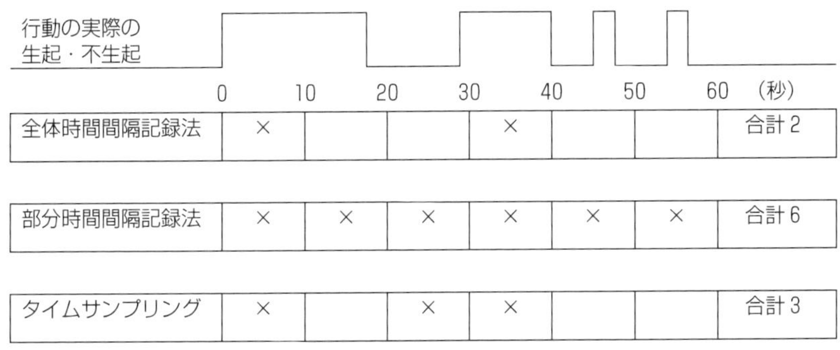

	0–10	10–20	20–30	30–40	40–50	50–60	
全体時間間隔記録法	×			×			合計２
部分時間間隔記録法	×	×	×	×	×	×	合計６
タイムサンプリング	×		×	×			合計３

それぞれの記録法の記録の感度の違い

タイムサンプリングの記録例）その日の最初の授業中の猫背で座っている割合を授業開始から１時間の間を10分間隔で記録する用紙。時計やタイマーで10分経過毎に猫背になっていたら×印を入れる。

記録例

授業中、猫背で座っている割合を記録するための授業開始1時間を10分間隔で記録するタイムサンプリング記録

分／日付	10	20	30	40	50	60	割合%	備　考
4/11		×	×	×	×		67	
4/12				×	×		33	
4/13		×			×		33	
4/14		×	×			×	50	
4/15		×	×		×		50	
4/18			×	×			33	
4/19			×	×	×	×	67	
4/20					×	×	33	
4/21						×	17	
4/22			×	×		×	50	

3）行動の持続時間

行動が続く時間を記録する場合は、時計、ストップウォッチ、タイマー、スマートフォンなどで時間を計って記録します。

例）一日にタイプの練習をした時間、一日に授業の復習をした時間

記録例

一日にタイプの練習をした時間

日付	5/15	16	17	18	19	20	21
練習時間	30分	60分	0分	15分	45分	20分	0分

4）行動が生起したことを示す記録や証拠

直接、行動の生起を観察して記録するわけではありませんが、行動が生じたことを示す証拠を調べることで、行動の生起が分かります。
例）一日吸ったタバコの本数、漢字の練習についてノートに書かれた漢字の数、ラジオ体操の出席率についてカードに押されたハンコの数、脱いだ服を洗濯かごに入れたかどうかに関して洗濯かごに入っている服の数

記録例

一日にタバコを吸った本数

日付	5/16	5/17	5/18	5/19	5/20	5/21	5/22
本数	20	22	31	14	26	33	11

2．行動の実行状況や前後関係に関する記録

1）エピソード記録

全ての生活場面に観察者が入り込んで、直接観察し記録することは、非常に困難です。観察者がいないような他の場面（家庭や学校、地域）においては、親や他の人々によるエピソード記録が役に立ちます。行動が生じる前の状況、行動が起こった様子、行動が起こった後にどんなことが起こり、どんな対応をしたのかといった事柄を文章で記録してもらいます。家庭と学校の連絡帳、施設でつけられる職員による利用者の日誌記録などを読むことで、行動の生起だけでなく、行動随伴性や行動の原因について大まかな情報を得ることができます。目的や用途に応じて、記録フォームを作成し記録してもらうことで、より精度の高い記録を得ることができます。

2）生活環境の分析

私たちは知らず知らずのうちに、良いことも悪いことも周囲の環境に影響を受けています。たとえば、自室で「さあ、勉強するぞ！」と思っていても、ついつい近くにある漫画本を手に取ってしまい読み始めたら随分と時間が経過していた、というようなことはたくさんあるでしょう。そこで、生活環境の中で目標となる行動の遂行を邪魔しているモノなどがないかを評価してみましょう。

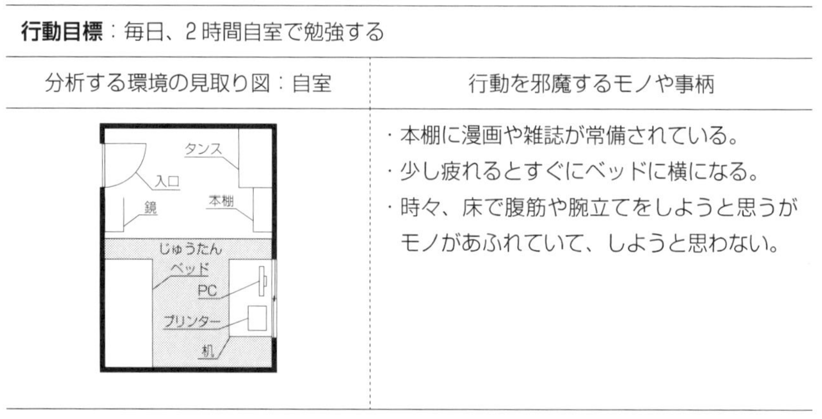

行動目標：毎日、2時間自室で勉強する

分析する環境の見取り図：自室	行動を邪魔するモノや事柄
（見取り図）	・本棚に漫画や雑誌が常備されている。 ・少し疲れるとすぐにベッドに横になる。 ・時々、床で腹筋や腕立てをしようと思うがモノがあふれていて、しようと思わない。

生活環境を分析するための見取り図の例

3）日常の過ごし方を振り返る：日課分析

私たちの日頃の行動は、目の前の出来事だけに左右されているわけではありません。これまでに積み重ねてきた行動の歴史、生活習慣によっても影響を受けています。朝どうしても早起きできなくて、目覚ましを２個、３個セットしているという人もいるかもしれません。しかし、よく考えてみてください。朝起きられないのは、毎晩夜更かしをしているからではないですか？

ある大学生の日課分析の例

行動目標：朝７時に起きる

時間	日頃の日課	問題点
7：00	目覚ましが鳴る	目覚ましを止めて少し布団でゆっくりする
	朝の支度・ニュースチェック	二度寝してしまい時間が押すことがある
8：00	朝食	実際は寝坊して朝食はほとんど摂らない
8：30	家を出る	遅刻しないように急いで出かける
19：00	帰宅	
	食事の準備	面倒だと外食か、カップ麺で済ます
20：00	食事	
	テレビやネット視聴	面白いとついつい長々と視聴してしまう
	レポートや課題を行う	提出期限ぎりぎりのレポートを遅くまで書く
	メールチェックと返信	たくさん来ていると打ち込むのに夢中になる
24：00	就寝	実際に寝るのは深夜の２時や３時を過ぎる

もちろん、徹夜しても締め切りまでに済ませないといけない仕事や学習課題があることもあります。しかし、無駄なことに時間を使いすぎたり、身体の管理を疎かにすると、本来大事なことに時間を割けなくなったり、いざという時に力を発揮できなくなります。仕事や課題は、前もって計画的に取り組めば、ぎりぎりになって夜遅くまで取り組むことは避けられますし、食事・運動・睡眠といった身体管理をしっかり行っていれば、早起きも楽ですし、より能率的・効率的に朝をスタートできます。

この場合、自炊しバランスの取れた食事をする、適度な運動を行う、無駄な時間を減らし本来行うべきことに時間を費やす、飲み会や友だちとの楽しみは週末に回す、夜は早く布団に入るといった自己管理のためのスキルが下位目標として浮かび上がってきます。

4）課題分析

行動目標として部活でやっているスポーツで良い成績を残したい、趣味でやっている楽器の演奏を上達させたい、料理がうまくなりたいという人もいるでしょう。これらの目標のように、いくつかの単体の行動を複雑に組み合わせて順番に完成させるような行動のことを複合型の行動と言います。複合型の行動を分析するときには「課題分析」が役に立ちます。課題分析をすることである活動全体の中でどの部分につまずきがあるのかを具体的に把握できますし、トレーニングのポイントや学習のヒントをつかむことができます。

たとえば、テニスを上達させたいという場合、基本的な動作にはサーブ、ストローク、バックハンド、ボレーなどがあります。ここでは、その1つサーブをあげてみます。

テニスの基本的なサーブの打ち方の課題分析の例

行動目標：テニスのサーブを上達させる

	課題分析の項目	5/4	5/7	5/8		
1	狙っている方向の真横に立つ	○	○	○		
2	左足を狙っている方向に半歩出す（体重は右足に100% かける）	○	×	○		
3	左手を狙っている方向に真っ直ぐに伸ばす	○	○	○		
4	手首やひじを使わずにトスをあげる	×	×	○		
5	トスをあげると同時にバックスイングする	×	×	○		
6	バックスイングと同時に右足から左足に100% 体重移動する	×	×	×		
7	狙っている方向に向かって真っ直ぐにラケットを振る	○	○	○		
8	インパクトのタイミングが合う	×	○	×		
9	ボールを打つ	×	○	×		
	達成率(%)＝○の数÷全体の項目数×100	44	56	66		

課題分析は、まず課題分析表を作ります。自分が取り組もうと思う複合型の行動に関して、その道の専門家や上級者に聞くとか、専門書を参考にするとか、ネットで調べるなどがあります。課題分析は、絶対的なものはありません。学び手が初級、中級、上級によって難易度も変わるでしょう。

課題分析は、表３－１のような対人場面で適切に振る舞うのに必要なソーシャルスキルの分析においても効果を発揮します。この項目は、ネット検索で「女性らしい仕草」でヒットした情報です。課題分析してみると「女性らしさ」という曖昧で抽象的な事柄も、さまざまな具体的な下位行動から成り立っていることがわかります。その中の「約束を守る」「身の回りを整理整頓する」といった下位行動の１つ１つが、具体的な行動目標となるのです。

表３－１ **女性らしい仕草を身に付けるうえでの課題分析の例**

行動目標：女性らしい仕草を身に付ける

	課題分析の項目	5/1	5/2	5/3	
1	頼みごとをする時に「ちょっとすいません」と笑顔で頼む	○	○	×	
2	「ありがとう」と言って笑顔で感謝する	×	×	○	
3	さりげなく髪をかきあげる	○	×	○	
4	目線が合ったらニコっと笑って右斜め下に目線を外す	×	×	×	
5	約束をきちんと守る	×	×	○	
6	身の回りを小奇麗にする	×	○	×	
7	身の回りを整理整頓する	×	○	×	
8	言葉遣いを丁寧にする	○	×	×	
	達成率（%）	38	38	38	

5）ABC 分析

ある行動が起こるのか、起こらないのかについての環境要因を正確に探るためには、行動と環境との相互作用についての記録を基に分析する必要があります。これを「機能分析」と言います。

お父さんのドライブ中の行動を ABC 分析するための記録の例

A：手がかり				B：行動	C：結果	行動の機能
時間	活動・場所	関連要因	直前の手がかり	お父さんの行動	家族の反応	
休日の朝	行楽地に家族でドライブ	日頃の疲れ 仕事のことを考えながら運転 人混みが苦手 口うるさい家族が同乗	渋滞が幾つもありイライラが募る いつもの道路や景色が改修工事で変わっている	道路標識やサインを見落として正しい道に入り損ね、黙ったまましばらくそのまま進む	同乗者が「違うんじゃない?」「また間違った！」などと文句を言う	嫌子出現の阻止
	〃	間違っていそうな道を車が走行	同乗者が「違うんじゃない?」「また間違った！」などと文句を言う	お父さんが強い語調で「うるさい」と怒鳴る	同乗者が静かになる	嫌子の消失
	〃	お父さんが怒鳴ってから	「お父さん、怒鳴らないで！」と注意を受ける	お父さんが眉間にしわを寄せて黙ったまま運転する	家族から「もうお父さん怖い」と言われる	嫌子出現の阻止

これは、どこにでもあるお父さんがドライブ中に不機嫌な行為を示す要因を探るためのABC分析の記録の例です。このように詳細に分析してみると、お父さんがなぜ運転中に機嫌が悪くなるのか、冷静になって考えることができます。お父さんが不機嫌になるのは、道を間違えたりして家族からいろいろと文句

を言われることだし、大声で怒鳴ると家族が静かになるという嫌子消失の強化によって維持されていることがわかります。またお父さんが道を間違えるのも、仕事のことが頭から離れずサインを見逃すこと（関連要因）、周辺の改修工事で環境が一変してわかりにくいこと（環境要因）などが影響していることもわかります。お父さんにインタビューしてみるとその仮定が正しいかどうかの妥当性も得られるでしょう。

練習問題1

カップラーメンを作ることがうまくできているかどうかをアセスメントするには、どのような方法を使えばよいでしょうか。

練習問題2

サチコさんは、最近のテニスの試合でサーブがうまく入らないので試合を落とすことが多いと感じています。サーブの成否を探るためにどんな記録を取ればよいでしょうか。

4章
＋計画＋

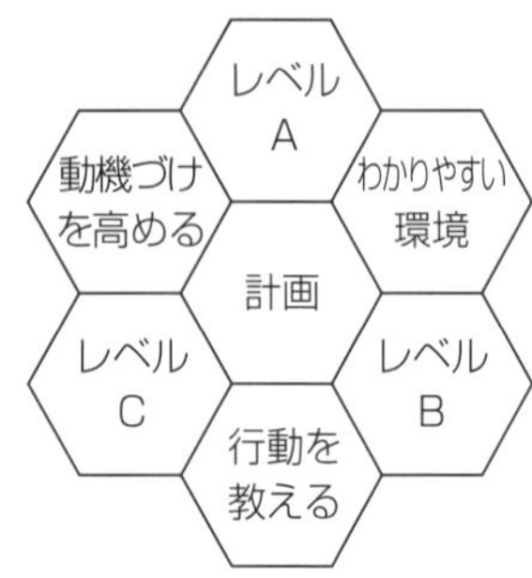

1．行動のABC

自分を変えるということは自分の行動を変えるということに他なりません。行動科学は、私たちの行動の法則性というものを明らかにしてくれました。自分や他人が幸せになるために行動をより良いものに変えていく、自立した行動を身に付けるために行動科学を応用したものがABCモデルです。このABCモデルとは、どういうものなのかを例えを交えながら説明します。

私たちは毎日いろんな行動を行っていますが、やみくもに動き回っているわけではありません。たとえば、最近できた大きなショッピングセンターやお店に出かけた時にトイレに行きたくなったらどうするか考えてみましょう。店の誰かに聞くこともできますが、近くに店員さんがいなかったら、まず天井にかかっている看板をあちこち見まわしてトイレのマークを探すでしょう。そしてその方向に移動して無事に用を足すことができます。しかし他のマークの場所に行ってもトイレはありません。トイレのマークは、トイレに行きたくなった時の手がかりとして機能していますが、これは世界中で確立されています。

つまり、私たちが行動を変えたり、より良い行動を身に付けたりするためには、トイレのマークのような分かりやすい「手がかり」が必要です。マークを探したりトイ

レに行って用を足したりといった「行動」が身についていないといけません。トイレが清潔で安全に用を足すといった満足した「結果」が伴わないといけません。これを行動のABCモデルと言います。ABCは、それぞれ行動科学の英語の頭文字から取ったもので、手がかりのAはAntecedent、行動のBはBehavior、結果のCはConsequenceを表します。

行動のABC

2. ABCモデル

行動分析学の応用分野に学び手の行動を有効に変えるための系統的な方法論としてインストラクショナルデザイン（Hollandら，1976; Mager, 1988; Markle, 1990; Engelmanら，1991）というものがあり、それを日本で初めて紹介したのが島宗（2004）です。自分の行動を変えて悩みを解決するために、インストラクショナルデザインのアイディアを基に開発したのがABCモデルです。行動の問題を考える時には、図4－1のようなダイアグラムを順番に見ていくとわかりやすいと思います。まず、「することがわからない」ことが問題という場合はレベルAの問題です。その場合は、行動をとりやすくするための環境改善や分かりやすい手がかりを工夫するなどの対策を取ります。次に行動自体がまだよく身についていないという問題の場合は、新たな行動を学習するレベルBの課題となります。最後に行動の結果が満足をもたらすものでなければ行動は定着しないと言いました。これはレベルCの問題で動機づけの問題です。やることは分かっていて実行しようと思えばできるけど、やる気が起きないというのがこの問題です。

さあ、皆さんが目標と考えている行動を変えるための問題は、レベルA、レベルB、レベルCのうち、どれに当てはまるでしょうか。

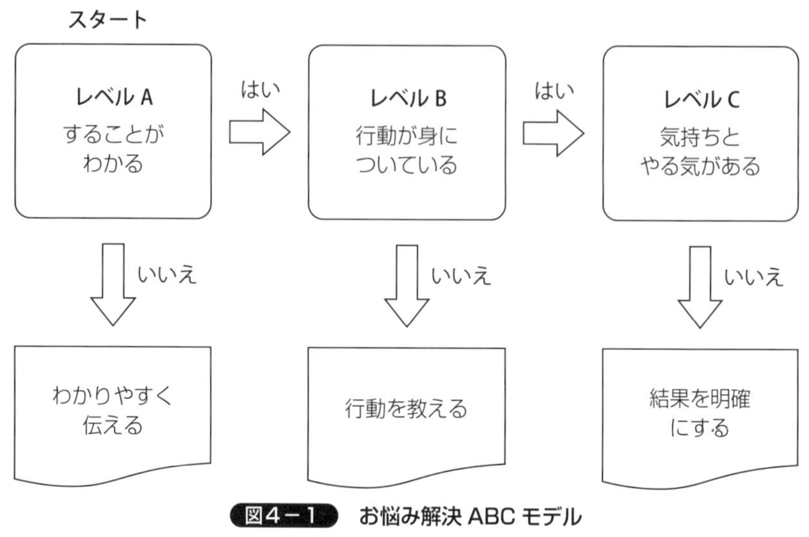

図4－1　お悩み解決ABCモデル

さて架空の具体例でこのABCモデルの応用を考えてみましょう。ショッピングセンターや公共の建物に障害者駐車場がありますが、介護者でも障害者でもない人が車を止めてしまうことが起こっています。あなたならどうしますか？不当に駐車する人に対して勇気を持って注意しますか？注意すると逆切れされる恐れもありますから、いきなり行動を起こすのは禁物です。ABCモデルに従ってまずは、3章で説明したようにアセスメントをしましょう。建物の警備を担当しているサイトウさんが、不当に駐車していた3人の女性に声をかけて事情を聞いてみました。

❶ユカリさんの場合

「すみません。わたし、普段からおっちょこちょいで、つい障害者用駐車場の看板を見落としちゃったんです。今度から気をつけます。」

❷ミユキさんの場合

「実はわたし、車庫入れに自信がなくて、つい広いスペースに止めてしまうの。広いスペースなら隣の車にぶつけずに駐車できるから。悪いと思いながら、つい止めてしまうんですよね。ごめんなさい。」

❸エミさんの場合

「障害者用スペースだってことはわかっているわ。でも、いつもガラガラだし、ちょっと用事を済ませて戻ってくる間ならいいでしょ？それに障害のある人もない人も、平等じゃないかしら。」

警備員のサイトウさんは、不当駐車を見かける度に声をかけて聞いてみましたが、だいたいこの３パターンに分けられることがわかりました。さあ、あなたならどうしますか？それぞれレベルＡ、Ｂ、Ｃのうちどの問題に当てはまるでしょうか。ABC モデルで解決法を考えてみましょう。

ユカリさん❶のケースは、「障害者用の駐車場の看板を見落とした」と述べているということは、レベルＡの行動の手がかりがわかりにくかったという問題だと気づきます。ということは、看板を目立つようにわかりやすくすることが解決法の１つだと考えられるでしょう。

わかりやすい障害者用駐車場の表示の例

ミユキさん❷のケースの場合は、車庫入れの運転スキルが足りないということを述べています。駐車スペースを広くするのも解決法の１つと考えられますが、全ての駐車スペースを広げるにはコストがかかります。もう１つの解決法は、ミユキさんが車庫入れのスキルを習得することです。運転の熟練者から習ったり教習所のペーパードライバー講習を受けたりすることが考えられます。また最近は、クルマ自体にドライブアシストシステムといって運転操作を支援するためのディスプレイやカメラが備わっているので、そのような装備のあるクルマに乗り換える手もあります。将来的に人工知能の発達に伴って自動運転システムが実用化されれば、運転操作に煩わされることがなくなる日が来るのかもしれません。

エミさん❸のケースは、やることはわかっているし、運転スキルの問題でもなさそうです。障害者を優先するという気持ちの問題や動機づけの問題と考えられるので、レベルCの問題と言えるでしょう。

写真のように障害者やお年寄りに対して思いやりの気持ちを喚起するようなサインを掲示することで、不当な駐車が減らせるかもしれません。また障害者でない人が障害者用駐車場に車を止めた場合に法律で違法と定め罰金を科している国もあります。

このようにABCモデルを活用すると、私たちの行動を変える上でのヒントが得られるでしょう。次の章では、レベルA、B、Cに沿った実際の行動の改善法について説明します。

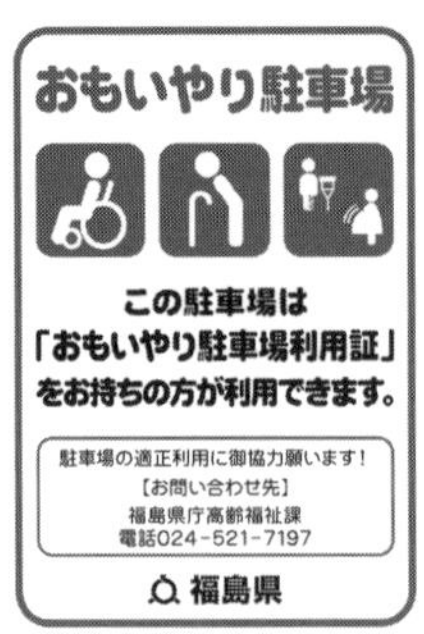

おもいやり駐車場の表示

駐車違反の貼り紙

行動のABCモデル改善法

<table>
<tr><th>レベルA 47～54頁
わかりやすく伝える</th><th>レベルB 55～67頁
行動を教える</th><th colspan="2">レベルC 68～81頁
結果を明確にする</th></tr>
<tr><td rowspan="3">・場所と空間の整理
・活動の整理
・活動のチェックリスト
・用具の整理
・わかりやすい合図
・わかりやすい教示
・日課や活動の視覚化
・目標の明確化
・記録の視覚化</td><td rowspan="3">・複合型レッスンと課題分析
・リハーサルと流暢さのレッスン
・スモールステップ
・個別化
・逆行連鎖と順行連鎖
・部品型レッスン
・プロンプト＆フェイディング
・モデル提示
・シェイピング</td><td>強化</td><td>・締め切り設定
・好子・嫌子アセスメント
・仲良しの法則
・楽しみは後で
・チェックリストとご褒美
・強化スケジュール
・正誤のフィードバック
・サンドイッチの法則
・分化強化</td></tr>
<tr><td colspan="2">消去</td></tr>
<tr><td>弱化</td><td>・タイムアウト
・レスポンスコスト
・過剰修正</td></tr>
</table>

練習問題１

友だちに結婚式の余興を頼まれたタケシさんは、昔少しだけ習ったことのあるギターでお気に入りの曲の弾き語りをしたいと思っていますが、ほとんど弾き方を忘れています。ABCのうちどのレベルの問題でしょうか。

練習問題２

いつも遅くまで会社に残って仕事をしているジュンコさんは最後に退社することが多く、電気を落として帰らないといけないのに、ポットや印刷機の電源を落とし忘れてしまいます。どのレベルの問題でしょうか。

練習問題３

英会話を勉強したいと思っているエリさんは英会話教室に申し込みましたが、仕事で疲れた日は休みがちで英会話の上達も芳しくありません。英会話教室の出席を増やすのはどのレベルの問題でしょうか。

5章
＋介入＋

これまで私たちは、自分を変えるために行動を変える必要がある、行動を理解するための行動科学を学びました。それを実生活で応用するための ABC モデルについてお伝えしました。ABC モデルで行動を支援するために必要なことは、次のような順序で考えます。まず適切な行動を自発しやすくするような環境整備をすることです（レベル A）。次に有効な環境変化をもたらすような適切な行動を身につけることです（レベル B）。最後に、行動の結果生じる好ましい環境変化が弱すぎたり起こりにくかったりすると適切な行動を十分に強化しないということも起こり得ます。その場合は、行動を強化するのに十分強力な好子を提供することを考えます（レベル C）。

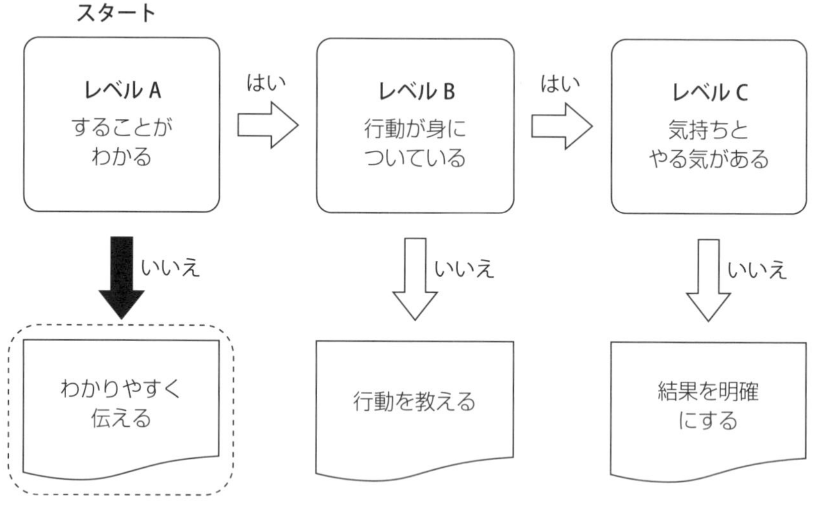

お悩み解決 ABC モデル

1．レベルＡ：わかりやすく伝える

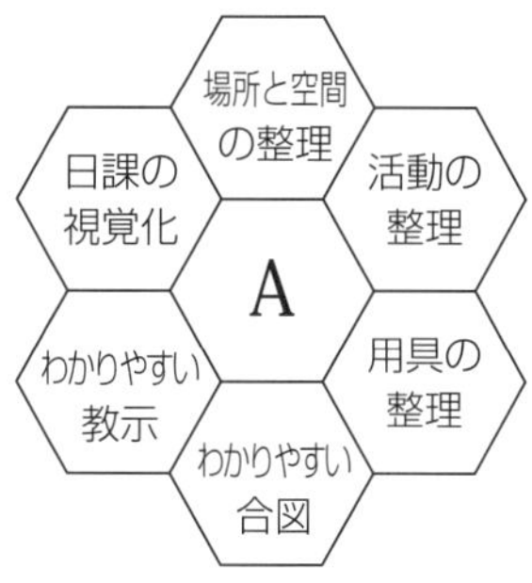

Shopler ら（1995）や Mesibov ら（1994）は、構造化による指導を開発し、環境を整理したり、わかりやすい合図や目印を環境に設定することで自閉症をはじめとする認知障害の人の混乱を取り除き、自立的で適応的な行動を促すことができることを実証してきました。ABC モデルでは、健常者の生活や行動にもそのアイディアを応用できると考えており、環境をわかりやすく整えたり、わかりやすく伝える方法論をレベル A の方略として集約しました。これからそのアイディアについてご紹介します。

1）場所と空間の整理

私たちはどんな環境にいる時に行動を自発しやすかったり、落ち着いて行動ができたりするでしょうか？具体的に思い浮かべながら考えてみましょう。職場や家庭ではどうでしょうか。３章の２．２）生活環境の分析で取り上げた図を思い出してください。

行動目標：毎日、２時間自室で勉強する	
分析する環境の見取り図：自室	行動を邪魔するモノや事柄
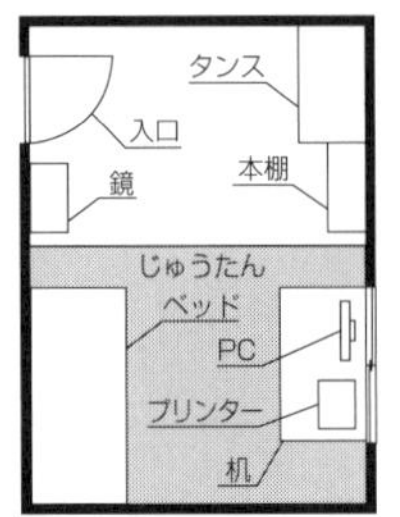 	・本棚に漫画や雑誌が常備されている。 ・少し疲れるとすぐにベッドに横になる。 ・時々、床で腹筋や腕立てをしようと思うがモノがあふれていて、しようと思わない。

生活環境を分析するための見取り図の例（再掲）

Ａさんは行動目標として勉強に集中して取り組みたいわけですが、気分転換にすぐ近くの本棚の漫画や雑誌に手を伸ばし、ついつい長時間費やしてしまう、疲れるとすぐそばのベッドに横になり気がつくと夜中になっている、少し腹筋や腕立てなどの運動をしようにも床にモノがあふれていて身動きが取れないということが起きています。部屋の中にさまざまなモノがあふれ多目的に使われると注意散漫になってしまいます。

この場合に「活動と場所の１対１の原則」を使って、思い切って部屋の物理環境設定を変えることをお勧めします。

活動と場所の１対１の原則：１つの場所には、できるだけ１つの活動の機能だけを持たせるようにすると、注意散漫を予防し集中力を高めることができる。

環境のカイゼン計画の見取り図：自室	工夫したモノや事柄
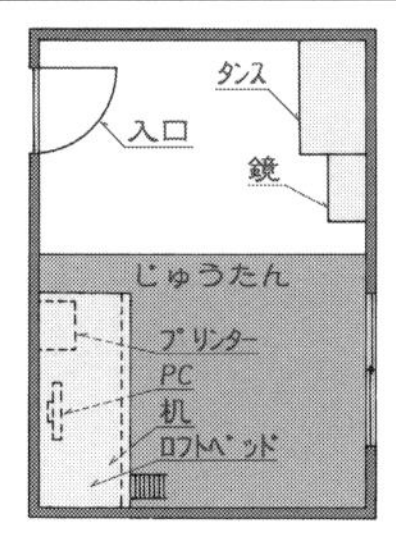	・漫画や雑誌の本棚をリビングに移し、学習の書籍や資料のみの小型の本棚を机に設置。 ・ベッドをなくし押入れから布団を出して敷くようにする。 ・たんすと化粧台を近くに設定。 ・プリンターも机に設置し、床をすっきりさせて腹筋や腕立てなどの運動ができるスペースを確保。

自室の物理環境設定変更例

机周辺は学習と作業の機能に集約し、たんすと化粧台の周辺は身だしなみや着替えの機能に集約されています。A さんは家族と同居しており、リビングの本棚に漫画や雑誌を移すことで行動の妨害を予防しました。今は断捨離と言って不要なモノを捨てることで心の余裕を持つという考えも広まってきました。必要でないものは捨てるという決断も大事でしょう。

米国など広い家屋の場合は、書斎や寝室などを別々の部屋に設定している場合もありますが、一人暮らしのアパートなど日本の狭い家屋だと多目的に使わないといけないでしょう。押入れと布団のシステムは、寝る時に床に敷き、寝ない時は押し入れに片付けるというように設定を変えることで、狭い空間を有効に活用するのに優れていると思います。また図書館やカフェで仕事や学習している人もたくさん見かけます。思い切って家以外の環境の利用を考えてもいいかもしれません。

2）活動や用具の整理とわかりやすい合図の確立

朝忙しく出かける前に、ついゴミ出しを忘れてしまうということはないでしょうか。記憶や習慣に頼っても、うまくいかないということがあります。このような場合に、夜のうちに玄関にゴミ袋を置いておけば、朝どんなに忙しくても、ゴミを出し忘れるということは起こらないでしょう。文書とか鍵などさまざまな持ち物を家のどこに置いたかわからなくなって探し回るというようなことはないでしょうか。これもそれぞれのモノの置き場所を作り決めておくことで困らなくなります。整理整頓や片付けが苦手な方は、巷に出回っている整理や収納術の本を参考にされると良いでしょう。

玄関の靴をそろえるマーク

玄関の靴を整理する棚

玄関の荷物入れのかご

写真は、子どもが玄関で靴を履き散らかし、荷物をどこかに放置して遊びに行ってしまうので所持品が管理できないというご家庭の親御さんが用意した玄関の靴をそろえるマークと荷物入れのかごです。このように何気ない目印が、適切な行動を促してくれる場合があります。

街中や公共の建物、公共交通機関の中には、このようなわかりやすい合図がたくさん見られます。皆さんも、外に出かける時に適切な行動を促すようなわかりやすい合図があるか観察してみてください。

3）わかりやすい教示

各地域でゴミを出す日は決まっていると思います。可燃ごみのように毎週出てくるゴミの日は忘れないでしょうが、時々やたまにしか出さないゴミの日は曖昧だったり、忘れてしまったりしていることも多いでしょう。出すゴミの種類を間違ってしまわないように、ゴミの種類ごとに出す曜日を記した表を台所とかに貼っている人もいるでしょう。また右の図は、お店のトイレ清掃のチェックリストの例です。このようなわかりやすい教示も、私たちが適切に行動するのを助けてくれます。

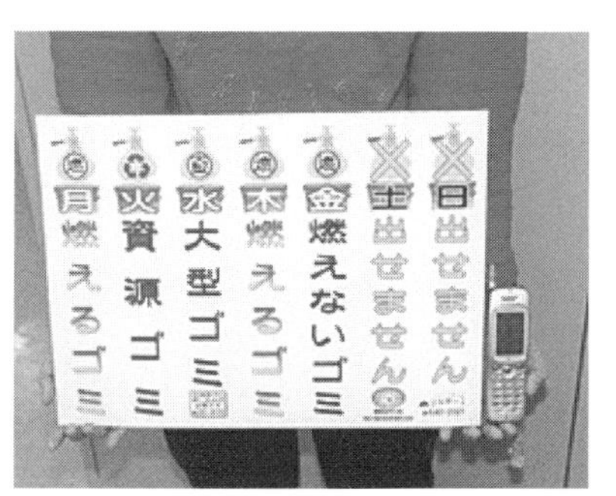

ゴミを出す曜日を記した表

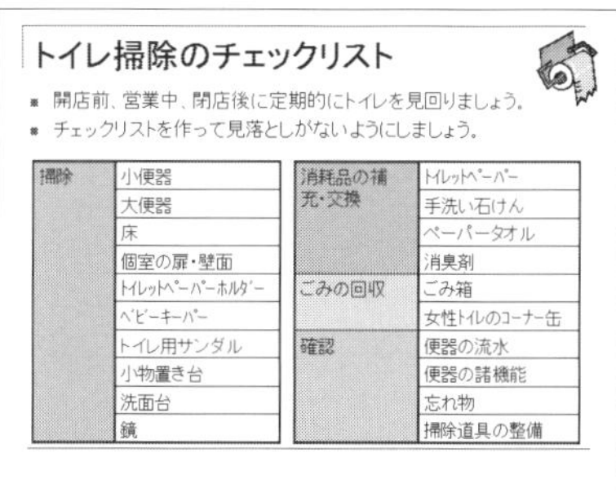

トイレ掃除のチェックリスト

- 開店前、営業中、閉店後に定期的にトイレを見回りましょう。
- チェックリストを作って見落としがないようにしましょう。

掃除	小便器	消耗品の補充・交換	トイレットペーパー
	大便器		手洗い石けん
	床		ペーパータオル
	個室の扉・壁面		消臭剤
	トイレットペーパーホルダー	ごみの回収	ごみ箱
	ベビーキーパー		女性トイレのコーナー缶
	トイレ用サンダル	確認	便器の流水
	小物置き台		便器の諸機能
	洗面台		忘れ物
	鏡		掃除道具の整備

トイレ掃除のチェックリストの例

車いすでも通路として使えるように駐輪のマナーを促すポスター

4）日課の整理と時間管理の工夫

これも３章２の日常の過ごし方を振り返る日課分析で出てきた表です。この大学生は、早起きを目標にしているのですが、夜更かしが朝起きにくくしている要因ですし、夜更かししているのも生活全体で時間の使い方に問題があることがわかります。

ある大学生の日課分析の例

行動目標：朝７時に起きる		
時間	望ましい日課	問題点
7：00	目覚ましが鳴る	目覚ましを止めて少し布団でゆっくりする
	朝の支度・ニュースチェック	二度寝してしまい時間が押すことがある
8：00	朝食	実際は寝坊して朝食はほとんど摂らない
8：30	家を出る	遅刻しないように急いで出かける
19：00	帰宅	
	食事の準備	面倒だと外食か、カップ麺で済ます
20：00	食事	
	テレビやネット視聴	面白いとついつい長々と視聴してしまう
	レポートや課題を行う	提出期限ぎりぎりのレポートを遅くまで書く
	メールチェックと返信	たくさん来ていると打ち込むのに夢中になる
23：00	就寝準備	実際に寝るのは深夜の２時や３時を過ぎる
カイゼン点 ・12時に眠れるようにメールチェックやネットサーフィンは時間を決める ・テレビ番組はだらだらと見ないように録画しておいて週末などにまとめて楽しむ ・作りすぎたおかずは、冷凍し小出しにしてレンジで温めて食べることで時間を節約 ・一週間のメニューを決めておき食材の買い物はなるべく週末などにまとめて買うようにする ・なるべく朝の日の光が入るように寝る位置や窓のカーテンを調整する		

まず生活全体を見直すために、無駄な時間をなるべく省き、重要なことに時間を割くように計画をしなければなりません。

カイゼン点の項目に一日の過ごし方で直せるところを整理していきましょう。就寝準備をして24時ごろに就寝するためにスケジュールを逆に眺めながら、チェックをしていきます。まずメールチェックに時間をかけ過ぎているので終わりの時間を決めるようにします。タイマーを活用すると役に立ちます。

次に文具店で売っているスケジュール手帳をうまく活用して時間管理に役立てましょう。市販の手帳は年間、月間、週間、一日と階層的に項目ができていると思います。一日の時間管理が課題の人は、時間ごとに一日のスケジュールが記入できるものを選びましょう。私の個人的な好みは、写真のような形式のスケジュール帳です。すでに授業や試験など決まっている予定、身だしなみや食行動など生活で必要な事柄、学習や練習など準備に必要な時間、テレビやネットなどの余暇の時間なども予定に埋めていきます。買い物など時間がかかるものは週末にまとめて行うようにした方が、効率的に時間が使えます。

予定を書いておけば急な友だちの遊びの誘いでも「予定があるから」と断ることもできるでしょう。バランスよく生活を送るためには、オンとオフの使い分け、人付き合いも大事です。スケジュール帳を使って自己管理することは、自分を大事にすることでもあります。より長期の時間管理は月間予定表や年間予定表を活用しましょう。

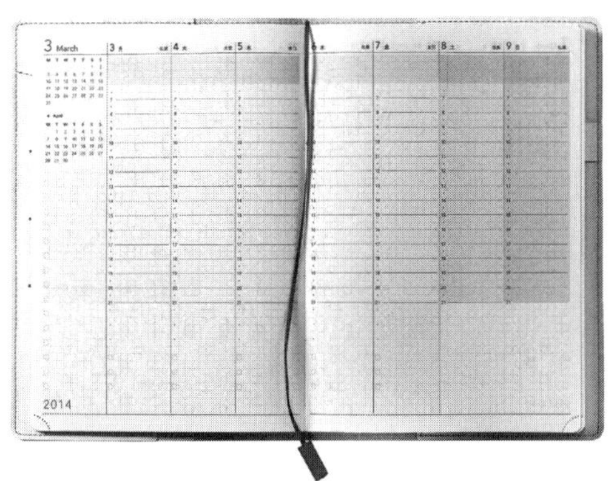

一週間全体を時間ごとに一日の予定を表記できるスケジュール帳の例

練習問題１

４章の練習問題に出てきたジュンコさんは最後に退社する時に、ポットや印刷機の電源を落とし忘れてしまいます。レベルＡの介入法として、どのようなことに取り組めば良いでしょうか。

練習問題２

シンジさんは、幼い子どもと妻の３人暮らしの会社員です。シンジさんは、最近仕事の責任が増えてきて、家に仕事を持ち帰ってくることが多いのですが、リビングにある机で仕事をしようとしても妻が話しかけたり、子どもが邪魔したりしてなかなか作業に集中できないので深夜にやっています。狭い空き部屋がありますが物置のように荷物が詰まっています。どうしたら、作業に集中できる環境を作り出せるでしょうか。

2. レベルB：行動を教える

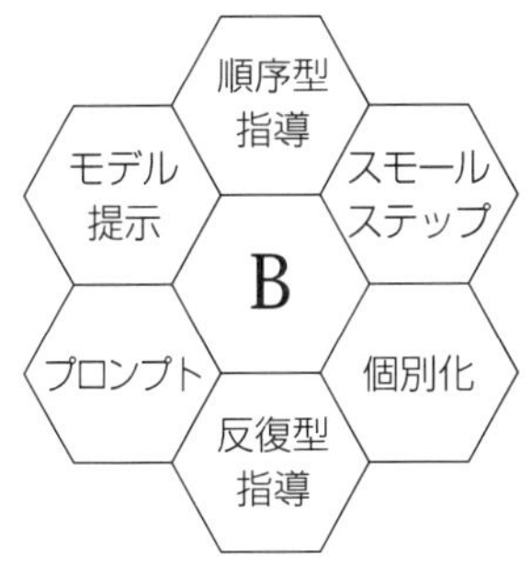

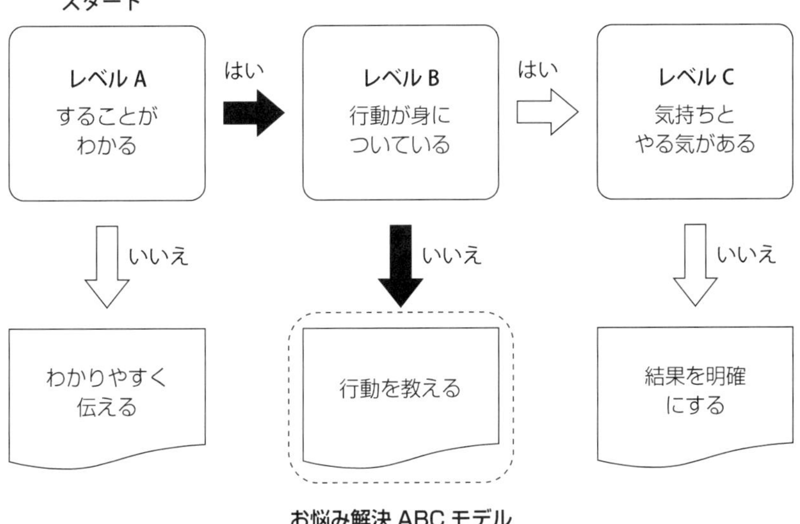

お悩み解決 ABC モデル

レベルAの問題は、することがわからないということでしたが、行動自体が身についていない場合は、きちんと行動を教えてもらうことが肝心です。

1）複合型レッスンと課題分析

皆さんの行動目標の中には、スポーツで良い成績をあげたい、料理が上手になりたい、楽器の演奏がうまくなりたいといったものもあるでしょう。これらの行動目標は、さまざまな単一な行動が複雑に組み合わさってできています。たとえば、調理１つを取ってみても、野菜を切る、肉を切る、フライパンを用意する、油を引く、炒める、…とさまざまな行動から成り立っていることがわかります。複数の行動を組み合わせて順序良く完成させる行動のことを複合型の行動といい、複合型の行動を指導することを複合型レッスンといいます（島宗，2004)。

複合型レッスン：単一の行動を複数組み合わせて順序通りに完成させる行動を指導するレッスン。

３章の３．で紹介した、この複合型レッスンを行う前に自身の行動をアセスメントする方法が、「課題分析」と呼ばれる方法です。次にそこで紹介したテニスのサーブの打ち方の課題分析の表を載せます。

自分の行動の遂行を他の人に観てもらって課題分析表にチェックや記入をしてもらう、あるいは自分の行動をビデオなどに撮っておいて後でビデオを観ながらチェックや記入をします。より専門的に取り組みたい人は、自分よりも上級者にチェックしてもらうようにした方が良いでしょう。ビデオ撮影の長所は、何度も同じところを見返したり、止めたり、スローで再生できるところです。ぜひビデオ撮影にトライしてみましょう。

課題分析：複合型の行動を１つ１つの単一の行動に分解して、時系列に並べた表。習得する前に現状の行動を分析するために行う。

テニスの基本的なサーブの打ち方の課題分析の例

行動目標：テニスのサーブを上達させる

	課題分析の項目	5/4	5/7	5/8		
1	狙っている方向の真横に立つ	○	○	○		
2	左足を狙っている方向に半歩出す（体重は右足に 100% かける）	○	×	○		
3	左手を狙っている方向に真っ直ぐに伸ばす	○	○	○		
4	手首やひじを使わずにトスをあげる	×	×	○		
5	トスをあげると同時にバックスイングする	×	×	○		
6	バックスイングと同時に右足から左足に 100% 体重移動する	×	×	×		
7	狙っている方向に向かって真っ直ぐにラケットを振る	○	○	○		
8	インパクトのタイミングが合う	×	○	×		
9	ボールを打つ	×	○	×		
	達成率(%)＝○の数÷全体の項目数×100	44	56	66		

2）トレーニング

(a) リハーサル

上級者の正しいスイングを参考にして一連の動きをゆっくりやってみます。課題分析をしてみて特に間違っている自分の動きを意識しながら繰り返し練習します。正しい理想の動きができるように何度も反復練習します。この「正しい動きを練習する」というのが重要で、間違った動きをいくら練習しても上手にはなりません。新しいことを習得するには、自分よりも上級者から学ぶことが大事なのです。眠りに入る時や休んでいる時も、頭の中でイメージトレーニングすると良いようです。体操やプロ野球などのトップアスリートは、実際に身体を動かしていない時でもイメージトレーニングを積んでいると言います。

(b) 流暢さのレッスン

正しい動きを体で覚えたら、次に一連の流れをスピードアップしてやってみます。コートでは正しい体の動きだけを意識して、ボールの方向は気にしないようにします。正しい動きをスピードアップして体で覚えたら、次はボールコントロールに取り組むようにします。このように新しいスキルを習得する時は、まず基礎となる行動を習得し、次に早く実行する、正確に実行するなど、難しい要素を加えて練習するようにします。これを流暢さのレッスンといいます。また新しいことを学ぶ時は、一度に1つずつ少しずつステップアップする方法が有効です。これをスモールステップの原則といいます。

流暢さのレッスン：基礎となるスキルから、早さ、正確さなど難易度の高い要素を加えてレッスンを行うこと。

スモールステップの原則：一度に1つずつ徐々に難易度を高めて目標とする行動に近づけていく指導方法。

課題分析、流暢さのレッスン、スモールステップの原則などの指導方法は、スポーツや運動だけでなく、楽器の演奏、アカデミックスキルなどにも応用できます。また人によって個性がありますから、そもそもの目標、基礎となる行動の型、伸ばすべきポイント、指導方法は違ってくると思います。その人の個性に合わせて、変えることを個別化の原則といいます。

個別化の原則：その人の個性に合わせて、目標、行動の型、伸ばすポイント、指導方法を変え、最適な方法をみつけようとすること。

3）行動連鎖

複合型の行動を習得する上で、もう１つ重要なことは、「順番通り」遂行して練習するということです。話は少し逸れますが、家でも職場でもいろんな用事を片付けている途中で電話がかかってきて活動が中断してしまった時に、次に何をするのかわからなくなったり、忘れてしまったり、間違ってやってしまったりということはないですか？作業や家事を行うのもまさしく複合型の行動なのですが、このように流れの途中で中断したり、別のことをしたり、順序良く行わないと、ミスや間違いが多くなり、なかなか行動が習得されません。

初心者の場合はスモールステップで一度に１つずつ取り組むことが良いとされています。順序良く行い、しかも行動単位を１つずつ習得するという方法が行動連鎖です。ここで、わかりやすく小さな子どもにおむすびの作り方を教えるという複合型のレッスンを例に考えてみましょう。おむすびを作るためには、まずご飯を炊かないといけません。そこでお米を計量する、お米をとぐ、水を測る…という単一の行動を個別に練習していくとしたらどうでしょうか？それは子どもにとって、つまらないし、何をしているのか意味を感じられないかもしれません。ご飯を炊いている間に遊びに行って、おむすびを作ることも忘れてしまいかねません。

ここで考えて欲しいのは、おむすびを作る過程で一番のお楽しみは何かということです。そう、おむすびを食べることです。ですから、おむすびが完成する直前の工程は何かを考えてみましょう。たとえば、握った「おむすびにのり

を巻く」という工程です。そこまで大人がすべて用意してあげます。のりを巻いた後は食べられますから楽しいですね。上手にのりを巻けるようになったら、次回、おむすびを作る時は、ご飯を握るところからスタートします。ごはんを握ることが上手になったら、次回のおむすびを作る機会は、ご飯のおひつからご飯を適量よそうところからスタートします。このように回を重ねる毎に、1つ前の工程からスタートするようにして、最終的には最初の工程からできるように取り組みます。

このように複合型の行動を習得する際に、最初にゴールに近い工程の練習から始めて、習熟するにつれて1つ前の工程から練習を始め、最終的に全工程が自分でできるようにすることを逆行連鎖といいます。

逆行連鎖：複合型の行動を習得する際に、最初にゴールに近い工程の練習から始めて、習熟するにつれて1つ前の工程から練習を始め、最終的に全工程が自分でできるようにすること。

準備する方は大変かもしれませんが、この逆行連鎖という指導方法は、学び手に意味や達成感を持たせ、モチベーションを維持しながら取り組むのに優れた方法です。新人社員が新しい仕事を覚えたりするのにも応用できるでしょう。

もちろん、お米の計量が面白くて楽しめる子どももいます。その場合は、最初の工程から1つずつ順番に取り組む方法もあります。これを順行連鎖といいます。

順行連鎖：複合型の行動を習得する際に、最初の工程の練習から始めて、習熟するにつれて1つずつ後の工程を含めて練習を行い、最終的に最後までの全工程が自分でできるようにすること。

手洗いや着替えなど短い行動連鎖を最初から最後まで通して行い、難しい工程はプロンプトして教える方法を「全課題提示法」といいます。

4）部品型レッスン

いろんな行動が組み合わさって順番や流れがあるレッスンのことを1）の項目で複合型の行動と言い、それを指導するレッスンを複合型レッスンと言いました。それに対して、単独の行動を反復して学習するタイプのレッスンを部品型レッスンと言います（島宗，2004）。

複合型レッスン：単一の行動を複数組み合わせて順序通りに完成させるように指導するレッスン。

部品型レッスン：単一の行動を何度も繰り返し反復して指導するレッスン。

部品型レッスンは、選択、分類、マッチング、文字や数字などの学習など2者択一や答えが1つに決まっている行動、跳び箱を跳ぶなど単一の運動学習を学ぶのに効果を発揮します。いろんな行動が組み合わさっている複合型の行動、たとえば「テニスのサーブを打つ」の課題分析の中で「**6．バックスイングと同時に右足から左足に100%体重移動する**」のみを単独に取り出して反復学習する場合も、部品型レッスンに当てはまります。

5）プロンプト

複合型のレッスンは、正しい順序で実行することが大事だと言いました。部品型のレッスンでも「正しい行動の型」を学ぶことが重要です。間違った行動の型を反復してしまうと間違った行動や癖が身に付いてしまいます。行動を正しく身に付けるためには、上級者、先輩、先生、コーチ、師匠と呼ばれるような人（教え手）から、学び手が手助けしてもらう必要があります。行動がうまく実行できるように

テニスのスイングを教える身体プロンプトの例

手助けすることを「プロンプト」と言います。

プロンプト：学び手が正しい行動が実行できるように教え手が手助けすること。

プロンプトにもいろんなやり方があるので、イラストの例を基に説明します。イラストのようにコーチや大人が子どもの手を持ってスイングの仕方をプロンプトしています。これを身体プロンプトとかマニュアルプロンプトと言います。動きや動作といったものを直接的に体感できるので非常にわかりやすい方法です。しかし、学び手の中には他人に身体に触れられるのを嫌がる人もいるので注意が必要です。

身体プロンプト：学び手が正しい行動が実行できるように指導する人が、学び手の身体に触れて直接動きを操作する手助けのこと。

直接、身体に触れなくても、実際の動きをやって見せて真似してやってみてもらうことで正しい動作を指導する方法もあります。これをモデル提示とか動作の見本提示と言います。人の動きをよく観察し、すぐに模倣ができる学び手には非常に有効な方法です。しかし、人の動きに注目したり、模倣したりするのが苦手な学び手もいます。早い動きの場合は、動きについていくことが難しいという場合もあるでしょう。

その場合は、ビデオによるモデル提示が有効です。ビデオだと同じ個所を同じように何度も繰り返し再生できますし、スロー再生などにすれば早い動きもじっくりと観察することができます。実際にテニスやゴルフなどのスポーツのレッスン DVD はたくさん市販されていますし、インターネットには、スポーツやダンス、調理など無数の動画がアップされています。自分自身でオリジナルのビデオ教材を作ることも可能です。高価なビデオカメラを購入しなくても、デジタルカメラやスマートフォンの動画撮影の機能で十分です。

加えて、モデル提示をする対象者の属性も学び手にとって重要な要素かもしれません。スポーツの DVD のモデルも一般人よりも有名人の方が注目を浴びるでしょうし、子どもにとっては、年配者よりも子どもや若者、アニメのキャラクターの方が親近感を持つでしょう。

テニスのスイングを身振りで教える例　　ダンスの動きをモデル提示で教える例

モデル提示：学び手の前で実際の動きをやって見せ、模倣を促すことで正しい行動が実行できるように手助けすること。

以下のイラストでは、ボールを打つタイミングをコーチが言葉をかけることで促しています。このように言葉かけによって行動を手助けする方法を言語プロンプトと言います。言語プロンプトは、言葉の意味を理解し合う人たちの間では効果的なプロンプトです。外国人や幼い子どもには、言葉の意味が分からず伝わらないかもしれません。また大きな騒音の激しい乗り物の中や工事現場では伝わらないでしょう。

ボールを打つタイミングを言葉かけで子どもに指導しているコーチ

言語プロンプト：言葉かけによって学び手が正しい行動が実行できるように手助けすること。

以下の左のイラストのように、指さしによって位置や方向を指し示す方法を身振りプロンプトやジェスチャープロンプトと言います。身振りプロンプトは、手や腕の動きや形によって意味を伝え、行動を手助けする方法です。身振りプロンプトには、位置や方向を示すもの以外にも、イラスト中央や右のように行動を肯定したり否定したりする身振りプロンプトもあります。身振りプロンプトは、音声言語に依らず昔からあるプロンプトであり、それが複雑に発展したものが手話やサイン言語と呼ばれるものです。

身振りプロンプト：手や腕の動きや形により意味を伝え、学び手が正しい行動が実行できるように手助けすること。

身振りプロンプトは、日常生活でも音声言語と併用されて使われていることが多いですし､騒音の激しい場所や声が届きにくい状況でよく使われています。しかし、プロンプトを出す人自体や身振りに注目が難しい人には、効果を発揮しないでしょう。また言葉と同じように身振りも国や文化によって違いがあり使う際には注意が必要です。

組み立て式の家具やプラモデルなどを作ったことのある人は、以下のイラストのような組み立て方の図面を見ながら、組み立てたと思います。このように図やイラスト、写真など行動のやり方を具体的に手助けすることを視覚的プロ

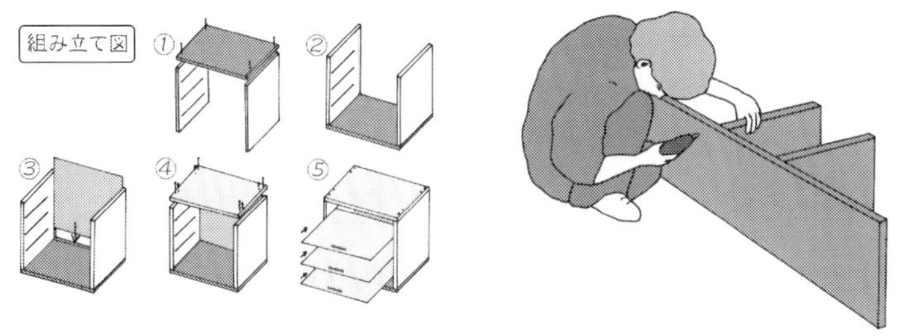

組み立て図を見ながら棚を組み立てている例

ンプトと言います。見ることで行動の手助けをするという意味では、モデル提示や身振りプロンプトも広義の視覚的プロンプトと言えるでしょう。

視覚的プロンプト：図やイラスト、写真など視覚的な合図や刺激を使って、行動のやり方や意味を伝え、学び手が正しい行動が実行できるように手助けすること。

視覚的プロンプトは、言語の理解がなく文化的違いがあっても有効に行動を手助けできる利点があります。しかし、あまりに複雑すぎて分かりにくくなると逆効果なので学び手にとって分かりやすい情報の提示の仕方などを工夫する必要があります。

6）プロンプト＆フェイディング

どのプロンプトが有効かは、学び手の特性や教える行動の種類によって変わりますので、どの方法が一番いいかはやってみないとわかりません。いろんなプロンプトを試してみて学び手が実行しやすいものが、有効なプロンプトと言えるでしょう。

またプロンプトは、学び手が自分で取り組み、実行できるようになるための手助けですから、学び手が自分でできるようになるにつれて、徐々になくしていくようにします。これをプロンプト＆フェイディングによる指導と言います。

プロンプト&フェイディング：	プロンプトを使って学び手の行動を手助けしながら、自分で実行できるようになるにつれて、徐々にプロンプトを外していく指導法のこと。

フェイディングの１つは、学び手が自分でできているかどうかの様子を確認しながら、教え手はプロンプトの力加減や量・長さといったものを減らしていく方法です。もう１つは、学び手がある程度できるようになってから、少しずつプロンプトを出すタイミングを遅らせる遅延プロンプトという方法もあります。

遅延プロンプト：	少しずつプロンプトを出すタイミングを遅らせていって、最終的に学び手が実行できるようになればプロンプトをなくしていく方法。

学び手もさまざまな個性や特性があるので、その人に合わせた個別化が必要です。初めて学ぶことに関しては、間違えないようにプロンプトして徐々にプロンプトを外していくようにした方が本人の負担が少なくて済みます。これをエラーレス学習と言います。

エラーレス学習：	学び手が、間違えないように実行できるようにプロンプトを最大限に提供し、少しずつプロンプトを外していく方法。

また間違いを矯正されることを極端に嫌う学び手もいます。その場合は、教え手は早めにプロンプトを出してあげます。これを先行プロンプトと言います。

先行プロンプト：	学び手が実行する前にプロンプトを出して、できるだけ間違いを少なくする方法。プロンプトを出すタイミングを時間的に前にずらしていくことでプロンプトを外していくようにする。

もし、なかなかプロンプトが外せない場合は、学ぶ内容自体が学び手に合ってないとか、難しすぎるのかもしれません。その場合は、学ぶ内容を易しいものに変えて、スモールステップで学ぶ内容を難易度の高いものにしていきます。

ではレベルAで説明した行動の手がかりと、行動を手助けする視覚的プロンプトは似ているような気がします。どこが違うのでしょうか？絶対的な線引きは難しいのですが、行動ができるようになって最終的にいらなくなるものがプロンプトで、常に必要なものや不特定多数の人にとって必要なものが手がかりと言えるのではないでしょうか。

手がかりとプロンプトの対比

手がかり	プロンプト
行動の手がかりとして常に必要なもので**なくさないもの**	学び手が正しい行動が実行できるように指導する人が手助けすることで、最終的には**なくしていくもの**

プロンプトの出し方や外し方についての説明は、文字情報だけでお伝えするには限界があります。実際に目の前でやってみたり、練習したりしないと習熟することはできませんので、専門家からのスーパーバイズを受けることをお勧めします。

練習問題１

プロンプトの種類とその方法を述べてみましょう。

練習問題２

４章の練習問題で取り上げたタケシさんは、昔少しだけ習ったことのあるギターでお気に入りの曲の弾き語りをしたいと思っていますが、ほとんど弾き方を忘れています。レベルＢで具体的にどのような取り組みをしたらよいでしょうか。

3．レベルC：行動の結果を明確にする

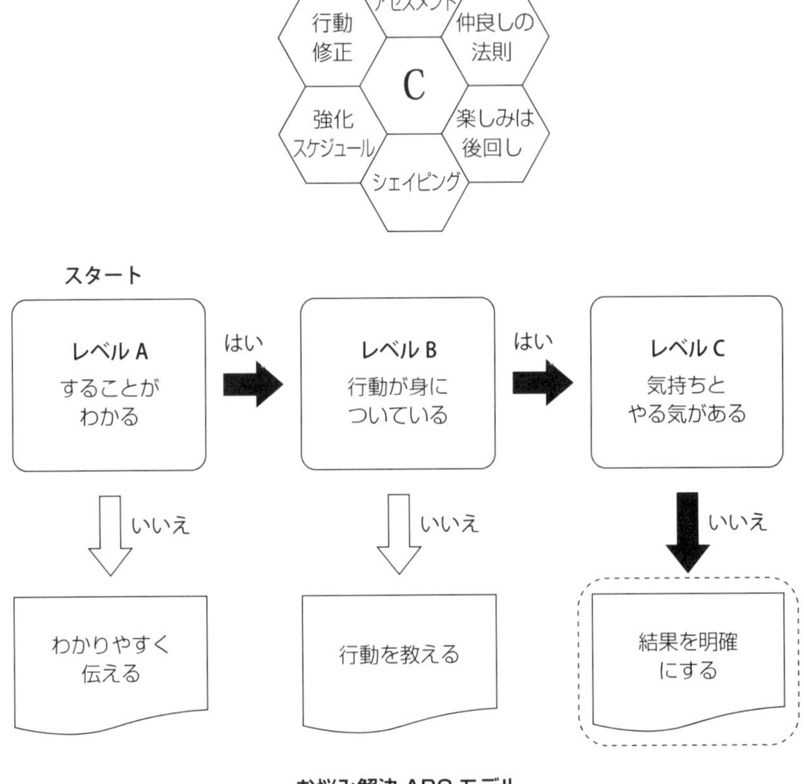

お悩み解決 ABC モデル

皆さんも周りにいる人も、することはわかっているしやればできるはずなのに、なぜかやらないということはないでしょうか。やらないのはなぜでしょう。面倒くさいとか、忙しいとか、疲れたとか、後でとか、明日やろうとか、他に何か面白そうなことがあるぞと誰もが何か言い訳を探していたりしませんか。

できるのになぜやる気にならないのでしょう、あるいはやる気になる時はどんな時でしょうか。たとえば、皆さんが子どもの頃に夏休みの宿題をどうして

いたかを考えてみてください。夏休みに入ってすぐは少し取り組んだとしても、やがてしなくなる人もいるでしょうし、ドリルのようにやることが決まっていて淡々とこなせばいいものは、毎日するけれども、日々の遊びの方が楽しいので自由研究や読書感想文など面倒なことは後回しにしがちになります。じゃあ、いつやるかというと夏休みが終わりに近づくにつれて焦ってやり始めるとか、最終的に休み明けでも終わらなくて学校で残されてやるといったこともあったかもしれません。

これらのことからわかるのは、ドリルやプリントのようにやることがはっきりしていて、終わりや目標が明確なものは取り組みやすいということです。これはレベルＡの問題ともいえるかもしれません。自由研究や読書感想文が取り組みにくいのは、そもそも小学生の段階では、文章を書く経験が少なかったり、書く手順などが身についていなかったりというレベルＢの問題もありそうです。そもそも、工作は好きだけど、計算や本読みは好きでないという好みの問題もあるかもしれません。計算が好きな子どもは、問題を解くことが面白くて取り組みやすかったでしょう。行動の結果が楽しいとか、面白いものは持続しやすいと１章の中で述べました。これは動機づけの問題であるレベルＣの問題です。動機づけには、良いものや好きなもの（好子）を求めるというものがあります。運動や習い事で、先生にほめられるとか、上手にできるというのも、行動の結果として好子が得られるという動機づけです。

動機づけには、もう１つありました。それは、嫌な物事（嫌子）を避けるという動機づけです。夏休みの終わり頃に急に宿題をやり始めるのは、先生に怒られるのを避ける、親に小言を言われるのを避ける、締め切りが近づいて焦ったり不安になったりするのを避けるのが動機づけになっているはずです。ここで動機づけを高めるための１つの方略が導かれました。それは、締め切りを設けることです（島宗，2000）。

締め切りを設ける：目標を達成するための締め切りや区切りを設けることで動機づけを促す方法。不安や焦りといった嫌子を回避する行動が強化され、先延ばしや後回しを避けることができる。

行動の実行においてレベルＣの動機づけに問題が見られる場合は、好子を求める、あるいは嫌子を避けるといった動機づけを考慮する必要があるのです。そのための具体的な他の方略について、これからご紹介します。

１）好子と嫌子のアセスメント

動機づけを考慮する上でまず取り組むことは、自分や相手の好子や嫌子を細かく把握することです。そこで表５－１のようなフォームにまとめておくことをお勧めします。食べ物や飲み物やモノ、好んでやっている活動、人付き合いなどは、割と好き嫌いがはっきりしているでしょう。家の中や外出先の居心地の良い場所だったり空き時間にふとやっていることなどは、無意識に選んでいたり、感覚的なものだったりするのでよくわからないこともあるでしょう。相手の好子と嫌子を調べるには、直接聞いてみるのも方法の１つですし、本人も気づいてないこともあるので答えられないこともあります。その場合、その人の身近な友だちや家族に聞く方法もあります。

また相手の普段の様子を観察する方法もあります。休み時間や暇な時によくしていること、食事の時によく箸をつける食べ物と全く手をつけないもの、会話の中でよく出てくる話題と関心を向けない話題などをよく観察してみましょう。

また目の前に選択肢を用意して実際に選んでもらう方法もあります。たとえば、さまざまな色の紙を用意しておいて、「どれが好きですか？」「嫌いな色はありますか？」などと聞いてみたり、タレントの写真を何枚か並べて「好みのタイプは誰ですか？」と聞いてみたりするのです。

表5－1　好子と嫌子をアセスメントするフォームの例

		好子	嫌子
食べ物			
飲み物			
活動			
行き場所			
自由時間の活動			
特定の人や関わり			
道具やモノ			
情報や知識			
感覚刺激	光、色、形		
	音		
	振動、揺れ、回転		
	触り心地や圧迫		
	香りや臭い		

2）動機づけを高めるステップ

❶ステップ0：仲良しの法則

あなたが相手の行動をより良い方向に変えたい立場であれば、まず相手に信頼される立場にならなければなりません。そのために最初にすることは相手との関係作りです。簡単に言うと好子と嫌子のアセスメントシートに基づいて、相手にとっての嫌子を避け、なるべく好子を提供するべく努力するということです。また相手の長所や良い行動に目を向けて具体的にほめたり、感謝の言葉を述べたりすることです。これを仲良しの法則と呼びます。これは祖父母と孫の人間関係に似ているかもしれません。祖父母は、孫に対して子育ての責任がほとんどないので、あまり叱ったりせずに孫の好きなように可愛がるだけです。孫の方は親のようには叱られないので優しい祖父母を慕います。

この方法は、親子、パートナー、先生と生徒、職場などさまざまな人間関係に応用できます。皆さんがすごいなと思う上司やリーダー、コーチ、社会で活躍している人は、さりげなくマメにこれを実践していると思います。あまり好印象を持たれていない人は、これと逆のことをしているのです。しかし、誤解しないでいただきたいのは、ただ単に相手におべっかを言って媚びるとか、自分が良く思われたいとか人気者になりたいためにこれを行うのではないということです。ABC モデルの目標は、自分自身や相手のより良い行動を引き出すことです。

仲良しの法則：相手の長所や良い点に目を向けて具体的にほめたり、感謝の言葉を伝えたりすることでお互いの関係性を良くする方法。

❷ステップ１：楽しみは後回し

相手に働きかけたり自分に応用したりする上での次のステップは、目標とする行動が達成できた時に初めて好子を提供するようにするということです。たとえば、勉強をしたらテレビを観ることができるとか、作業や掃除をしたらコーヒーブレイクできるとか、レポートが完成したらビールが飲めるなどです。わかりやすくいうと、目的となる行動が達成できたら自分にご褒美を用意するということです。これは、「楽しみは後回し」といいます。何も努力していないのにテレビを観たいとか、休みたいと言っても聞かないようにしなければなりません。一貫してやり遂げることが大事です。最初に課する行動の量とご褒美の質や量は、バランスをとる必要があります。

楽しみは後回し：本人にとっての小さな楽しみを作業や勉強の動機づけとして後に取っておくことで、作業や勉強の動機づけを高める方法。

少し話は逸れますが、国民栄誉賞をとった松井秀喜氏と長嶋茂雄氏のエピソードの中に新人の松井氏が一流のバッターに成長するために長嶋さんは毎日バットの素振り練習に付き合ったというものがあります。超一流の野球選手であった長嶋氏には、バットを振った時の音で良いスイングなのかがわかるのだそうです。そこで松井氏が素振りを繰り返す中で、良い音が鳴ったらすかさず「今のいいね」とか「音が良いよ」とフィードバックを繰り返しているうちに少しずつ理想のバットスイングが形成されていったといいます（松井，2015）。

この場合、長嶋氏は松井氏のフォームを直接いじったりしていません。つまりプロンプトはしていませんが、長嶋氏は松井氏の自発的な良いバットスイングの直後に称賛（たとえば「いいね」）を返すことで、少しずつ自己修正されていって目標とする理想のバットスイングに近づけていきました。このような指導法をシェイピングと言います。

シェイピング：プロンプトを使わずに相手の良い行動を少しずつ引き出す方法。目標に近い行動に対して肯定的なフィードバックを返していき最終的な目標行動に近づけていく。

長嶋氏の選手の指導法については、プロ野球の世界でも賛否があるようですが、その効果は日米で大活躍した松井氏の成績が物語っているでしょう。シェイピングは、バットスイングのような単独ですぐに反復練習のできるスキルを教えるのに向いています。

またこの指導においてもう1つ注目すべき点は、より良い行動に対して即座に「いいね」と称賛を返している点です。もし、長嶋氏がよそ見をして良い行動を見逃してしまったら、行動を強化する機会を失いますし、練習が終わった後に「最初の何本かのスイングは良かった」と言われても、何が良かったのかわからず混乱してしまうでしょう。だから新しい行動を身に付ける際は、良い行動の直後にすぐに強化することが大切です。これを即時強化の原則と言います。指導する側に求められるのは、良い行動を見逃さない観察力とすぐにフィードバックを返す瞬発力です。

即時強化：良い行動が生じた直後に称賛などによって行動を強化する方法。

❸ステップ2：チェックリストとご褒美

最初は、取り組む課題は簡単なものを1つにして、徐々に取り組むべき課題の数量を増やしていきます。ただこれが甘くなってしまうと、「まずは休んで、課題は後でやればいいや」というように先延ばしになって、なかなか達成できないというようになるので、順序が逆にならないように厳しく律することが必要です。自分でも他人でも、やることを明確にして行動を律する上で役に立つのが、レベルAで紹介したスケジュール表やチェックリストを活用することです。

下の表は、ある中学校のパソコンの授業を見学した時に先生が白板に書いて生徒に示していた授業のチェックリストです。なんの変哲もないただの表

パソコンの授業で先生が白板に書いていたチェックリストの例

- **2月13日（月）数学**
  - ❑ **前回の復習**
    説明を聞く
    100マス式の入力
  - ❑ **おこづかい帳を作る**
    レシートを見る
    おこづかい帳を作る
    おこづかい帳に入力する
  - ❑ **自由にインターネット（好子）**

に見えるかもしれませんが、この表のおかげで普段、勉強が好きでない生徒が誰よりも早く課題を仕上げてインターネットで楽しんでいました。このチェックリストの効能について分析してみましょう。

夏休みの宿題で述べたように、やるべきことが多かったり見通しが持てなかったりする時にやる気がなくなってしまいます。これは、勉強、スポーツ、仕事などで広く言えることなのです。しかし、レベルＢで紹介した課題分析によってやるべきことが細かく細分化されており完成までの見通しが持てるようになると動機づけを維持するのに役立つのです。

それと最後に好きなインターネットができることは、生徒の課題を達成する動機づけを高めました。目標としての楽しみが明確になっていると動機づけを高める助けになります。

行動を動機づけるためにご褒美を使うことに懐疑的な専門家もいます。彼らの言い分の１つは、本来課題とは直接関係のないご褒美のような外発的な動機づけを使うと、課題自体を実施する楽しみや、課題を完成させることで生じる達成感などの内発的動機づけを奪ってしまうのではないかというものです。こういう意見が支持されているのか、教育現場でご褒美を活用することは敬遠されているようです。

しかし私は、このような考えを理解しつつもこのように考えています。第一に課題を行うこと自体を楽しめるようになるとか、達成感を味わうようになるためには、ある程度、その物事に習熟するようになる必要があり、そのためには時間がかかるということです。ですから、教育現場などでは、学び始めの初期段階で外発的動機づけを活用して、習熟して課題自体を楽しんだり達成感を十分に味わったりするようになったら、ご褒美を外していけば良いのではないかと思います。そこで重要なのが次のステップ３の強化スケジュールを考慮した支援です。

❹ステップ３：強化スケジュールの応用

行動分析学では、行動を強化するタイミングやパターンのことを強化スケジュールと言います。行動の度に毎回強化を受ける「連続強化スケジュール」と何回か行動して強化を受ける「部分強化スケジュール」があります。そして部分強化スケジュールも行動の頻度に応じた強化スケジュールと時間間隔に応じた強化スケジュールの２種類があります。

強化スケジュールの種類

強化スケジュールの種類		日常の具体例
行動の頻度	固定比率スケジュール：ある一定回数行動した後に、はじめて強化される	・出来高払いの給料：仕事量に応じて給料が決まっている。 ・店や自動販売機での買い物：支払いの量に応じてもらえる物品が決まっている。
	変動比率スケジュール：強化を受けるまでの行動回数が毎回変化する	・ギャンブル：パチンコなどどのくらい行動すれば大当たりが来るかが予測できない。 ・懸賞はがき：はがきを出して応募してもいつ当たるかわからない。 ・遺跡の発掘：あちこち掘り進めても、いつ遺跡が見つかるかわからない。
時間間隔	固定時隔スケジュール：ある一定時間経過した後、はじめて行動が生起した時に強化を受ける	・退屈な仕事や授業で毎回決まった時間に提供される休憩 ・週末など決まった曜日に休みが提供される仕事
	変動時隔スケジュール：強化を受けるまでの時間間隔が毎回変動する	・待っている郵便通知や新聞を確認するために郵便受けに見に行く行動 ・釣りの最中に魚がかかっているかどうかを確認する行動 ・衣類などのタイムセール：セールがあるかどうかを確認するために頻繁に店に寄る

強化スケジュールに関してのさまざまな研究から、行動は連続強化よりも

部分強化の方が維持されやすいということがわかっています。この原則を教育現場や家庭での育児などに応用するならば、ご褒美や好子を提供するタイミングや頻度は、連続強化から徐々に部分強化にすると行動が持続しやすいということになります。

強化スケジュールの応用：強化するタイミングを連続強化から部分強化に徐々に変えることで行動が維持されやすくなる。

動機づけを高めるのにご褒美を用いるかどうかの第二の論点は、そもそもご褒美や外発的動機づけは良くないことなのか、なくすべきことなのかということです。私たちの資本主義の社会では、仕事をすることで報酬を得るという仕組みになっています。逆に労働に対する対価を支払わないことは違法であり､間違ったことでさえあります。またアマチュアスポーツの世界でも、特別な成績をおさめた個人や団体には報奨金を支払うような制度も見られますし、社会でも広く認められているようです。良し悪しは別にしてこれが社会の通常の姿であれば、別にご褒美を使うことは間違ったことではないのではないでしょうか。もちろん、人権の尊重や本人の同意など倫理的な面で考慮すべきことはあるでしょう。

3）間違った行動をおさえる方法

❶正誤の伝達

これまで動機づけを高め、行動を強化するポジティブな方法について主に述べてきました。しかし、叱ったりせずに誉めてばかりでは人を甘やかしてしまうのではないかという批判を受けることもしばしばです。私は、単純に「誉めて伸ばし、悪いことに目をつぶる」のが良いといっているわけではありません。先に述べたように誉めるにもタイミングが重要です。また間違った行動をそのままにしておいて良いわけでもありません。正しく教えるコツについては、レベルBの箇所で説明しましたし、相手に行動の正誤をフィードバックしてあげることはとても大切です。

フィードバック：行動の直後に、行動のどこが正しくて、どこが間違っているかを明確に伝えることで正しい行動を導く方法。

この場合、感情的に怒ったり体罰を使うのは慎まなければならないと思います。感情的になりそうな時は、一呼吸を置いたり、他の人に指導を代わってもらうことも必要でしょう。また指導する側からの指示や指導が多すぎると、指導される側は参ってしまったり反発したりします。これを反発の原理（島宗，2000）といいます。

反発の原理：何度も嫌子が出現したり、急に行動が消去されると、反発したり相手を攻撃したりする行動が起こりやすくなる。

このようなネガティブな関係性を避けるためには、初期の関係では仲良しの法則を使い、本人の力量が上がるにつれて、徐々にこちらの要求水準を上げていくことが大切だと思います。反発の原理を避けながら、有効にフィードバックを返す以下の方法をサンドイッチの法則といいます。

サンドイッチの法則：相手にフィードバックをする際に、ポジティブなコメントで始めて、修正点を１つだけ絞って伝え、ポジティブなコメントで締めくくる方法。

❷ネガティブなアプローチ

昨今、セクハラやパワハラなどが職場で話題になっており、モラルに反するような言動は減ってきていると思いますが、いまだに冗談と区別がつかないような不快な発言によって傷つく人も多いでしょう。その場合に不快な発言をした相手に明確にフィードバックを返すことが大切ですが、効果ない場合やはっきり言い返せない場合もあると思います。

不快な発言をする人の多くは、相手が怖気づいたり、苦笑いしていたり、恥ずかしがったりしている様子を見て、満足したり楽しんでいる場合がほとんどです。この場合、相手の反応が好子となって不快な発言が強化されていると考えられます。そこで直接、相手に言い返さなくても不快な発言を抑える方法があります。

それは、相手が不快な発言をしても、それに対してこちらは何も反応を返さないのです。表情を変えたり言い返したり一切しません。不快な発言はその後も続くかもしれませんが、しばらく辛抱すればやがてなくなります。これを消去と言います。

消去：不適切な行動を維持する結果となっている好子の提示を止めることで、不適切な行動を減らす効果が期待できる方法。

この消去を使う時に注意していただきたいのは、消去した当初は、相手の言動が一時的に強まります。これを消去バーストと言います。また、ずっと相手を無視していると人間関係が悪くなります。そこで不快な発言は一瞬でいいので無視して、すぐに話題を変えるとか、相手の適切で面白い話題には反応を返すようにしてください。このように特定の行動は消去し、他の行動を選択的に強化する対応のことを分化強化と言います。

分化強化：特定の行動を消去し、他の行動を強化することで、不適切な行動を減らし適切な行動を増やす手続き。

４章で紹介した架空事例エミさんは、違法駐車と知っていて、ついつい障害者用駐車場に車を停めてしまっていました。このような悪質な交通違反に対して罰金制度というペナルティを科すことがあります。これは、本人が不適切な行動を行った際に好子を取り去るという対応でレスポンスコストと言います。

レスポンスコスト：不適切な行動が起こった後に好子を取り去ることで、不適切な行動を減らす効果が期待できる方法。

このレスポンスコストは、交通違反などの法律違反以外にも、さまざまな法律違反に使われていますし、プロスポーツでも、ある選手がチームに不利益を及ぼす違反行為を行った場合に罰金を科したりしています。実践編の８章にレスポンスコストを使った事例が出てきます。不適切な行動にペナルティを科す他の方法としては、負荷的な課題を科すというものもあります。野球でノックしたボールを捕球する練習でエラーが続くと、グランド走10周を科したり、ノックの延長を命じられたりしますが、これはその例で過剰修正と言います。

過剰修正：間違った行動が起こった後に負荷的で単純な反復課題を出すことで、間違った行動を減らす効果が期待できる方法。

他にも、不適切な行動を減らす方法があります。サッカーの試合では、選手が悪質なルール違反を犯すと審判からイエローカードやレッドカードを提示され、退場させられたり、次の試合に出られないなどの処置を受けます。選手にとって試合に出ることが名誉であり強化的な場面です。不適切な行動を減らすために、強化事態から一時的に遮断する方法をタイムアウトと言います。

タイムアウト：適切な行動が起こった後に一時的に強化的な場面から遮断することで、不適切な行動を減らす効果が期待できる方法。

このようなネガティブな対応を実施する際には、倫理的な問題やトラブルが起こらないように十分に注意しなければなりません。手続きの実施については、本人や関係者と話し合い、同意を得たり同意書に署名してもらったりして承諾を得る必要があります。また一定期間実施して記録を基に効果をもたらさない手続きは、中止したり変更や修正を加えたりするために責任者を交えた話し合いの場を設け必ず検討を行うようにします。

練習問題1

４章の練習問題で紹介したエリさんは、仕事で疲れた日は英会話教室を休みがちで英会話の上達も芳しくありません。英会話教室の出席を増やすのにレベルＣのどの介入法を使ったらよいでしょうか。

練習問題2

以下の行動はどの強化スケジュールにより維持されているでしょうか？

サトルさんは、20代前半の男性社員です。お昼休みになると毎回決まったコンビニに昼食を買いに行きます。それは日頃気になっている若い女性が、時々そのコンビニに昼食を買いに来るからです。まだ軽く挨拶する程度の間柄ですが、幸運にも女性を見かける時と不運にも見かけない時があります。

行動のABCモデル改善法（再掲）

レベルA 47～54頁 わかりやすく伝える	レベルB 55～67頁 行動を教える		レベルC 68～81頁 結果を明確にする
・場所と空間の整理 ・活動の整理 ・活動のチェックリスト ・用具の整理 ・わかりやすい合図 ・わかりやすい教示 ・日課や活動の視覚化 ・目標の明確化 ・記録の視覚化	・複合型レッスンと課題分析 ・リハーサルと流暢さのレッスン ・スモールステップ ・個別化 ・逆行連鎖と順行連鎖 ・部品型レッスン ・プロンプト＆フェイディング ・モデル提示 ・シェイピング	強化	・締め切り設定 ・好子・嫌子アセスメント ・仲良しの法則 ・楽しみは後で ・チェックリストとご褒美 ・強化スケジュール ・正誤のフィードバック サンドイッチの法則 ・分化強化
			消去
		弱化	・タイムアウト ・レスポンスコスト ・過剰修正

6章
＋確認と評価＋

1．シングルケーススタディとは？

実際に取り組んだことが、本当に良い方向に向かっているのか、改善をもたらしているのかを具体的に確認するために記録やデータを活用します。単に用紙に記録を書いたり、パソコン画面上に打ち込んだりするだけでは、本当に改善をもたらしているかわかりません。

生物学、生理学、医学、薬学、教育、心理学の分野で介入法や治療法の効果を測定する方法としては、主にグループ比較研究法というものが用いられています。数学者で遺伝研究や農学に応用したフィッシャーがこの方法の発展に大きく貢献しました。グループ比較研究法で最も単純な方法では、個人差にばらつきの少ないなるべく等質の対象者を数十人集めて、介入を行う集団（介入群）と介入を行わない集団（対照群）に分けます。介入を行う前後に、効果の測定を行ってその測定値について統計処理を行います。介入群と対照群の間で、有意差（一般的には５％の危険率以下という基準が用いられる）が出れば、その介入法に効果があると判断されます。

しかし、一人一人の対象者を相手にする実際の福祉や心理の臨床現場で、このグループ比較研究法を用いることは、幾つか難しい面があります。まず、支援を必要とする人たちは個性的で、等質の対象者をたくさん集めることが難しいですし、集団の平均という統計操作の中で一人一人の違いや変化が見えなくなってしまいます。さらに、介入を行わないグループ（対照群）を設けるというのは、倫理的にも問題がありそうです。

それに対して、応用行動分析では、一人一人の対象者に焦点を当て、介入の効果を測定できる「シングルケーススタディ」という方法を発展させてきました。この方法では、介入の効果を測定するための対照群を用いず、対象者が介入を受けない時期と介入を受ける時期を経験し、その前後の行動の変化を測定し数値化したものを比べます。介入や指導のことを独立変数、それに伴う行動変化のことを従属変数と言います。難しい統計処理なども必要とせず（本書では触れないがC検定などシングルケースに適した統計処理法もある）、グラフ化することで視覚的に誰でも簡単に介入や指導の効果を確認できます。これは、臨床現場に非常に適した効果測定法と言えるでしょう。

シングルケーススタディにもさまざまな種類がありますが、臨床現場で役立つものとして、ここでは最も基本的で単純なABデザインとその発展型であるABCデザイン、独立変数と従属変数の因果関係を調べるABAデザイン、多層ベースラインデザインを紹介するのに留めます。さらに詳しく学びたい方は、巻末の参考図書を参照してください。

2. ベースラインの測定

シングルケーススタディでは、最初にベースライン・データの収集と記録を行います。ベースライン・データとは、介入や指導を行う前の行動の状態を測定したものです。ベースラインを測定することで、現在の対象者の行動レベルがどの程度なのかを知ることができます。また、介入や指導を行った後の行動レベルとベースラインのレベルを比べることで、介入や指導の効果を確かめることができます。

ある介入法や指導法（独立変数）が、確実に行動の変化（従属変数）に影響を与えているかどうか（関数関係）が確認できれば、介入法や指導法の効果が証明されたことになります。しかし、支援者が実施した介入や指導以外の変数（剰余変数）によって、行動が変化してしまうことがあります。たとえば、支援者がある対象者のために禁煙のための介入（独立変数）を行っている間、たまたま健康診断の結果が悪くて医師に禁煙を勧められた（剰余変数）ために、対象者のタバコを吸う本数（従属変数）が減りました。この場合、対象者の健康のために結果としては良かったのですが、支援者の介入（独立変数）によって、タバコを吸う行動が減った（従属変数）とは言えません。そのため独立変数と従属変数の関数関係を実証するためのシングルケースデザインが発展しています。

3．ABデザイン

ABデザインは、シングルケースデザインの中で最も基本的なデザインです。ABデザインのAは、前項で説明したベースライン条件のことを指しA条件と呼びます。Bは、介入や指導を行う条件のことでB条件と呼びます。B条件を開始した後も、行動の測定を続けます。

A条件（ベースライン条件）が安定してから、B条件（介入や指導の条件）を開始することが望ましいのですが、緊急に介入しなければならない行動の場合は、あまり長くA条件を続けることは良くありません。

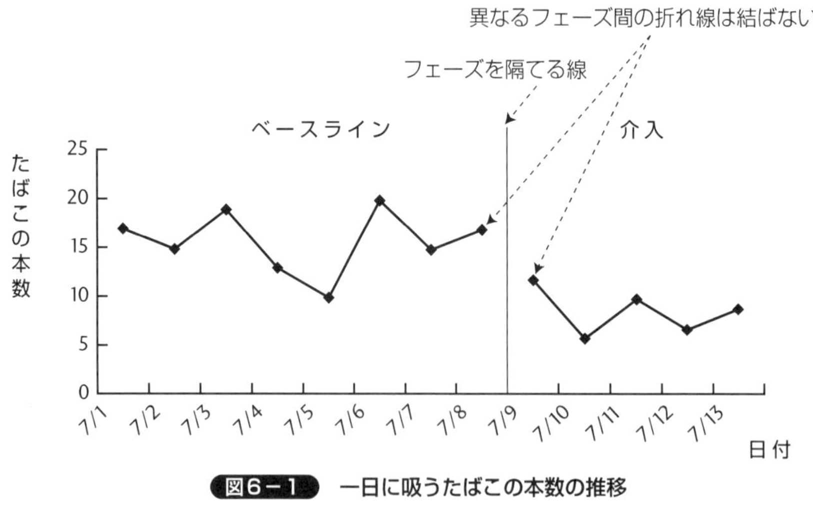

図6－1　一日に吸うたばこの本数の推移

図6－1は、一日に吸うたばこの本数を減らしたい人への介入結果でABデザインのグラフを表しています。各条件をフェーズと言います。8日間のベースライン（A条件）フェーズの後、介入（B条件）フェーズになっています。異なるフェーズ間の数値は線で結ばないで、フェーズを隔てる縦の線を入れます。介入として、20本以上吸うと500円友だちに払うというペナルティを実施しました。A条件とB条件を比べると、一日に吸うタバコの本数が減少しており明らかに介入の効果があらわれていることが分かります。

ABCデザインは、ABデザインの発展型で、ある介入や指導の条件（B条件）で行動の改善が十分に見られなかった場合に、別の介入や指導（C条件）を導入する場合のデザインです。これは、さらにABCDE…と続けることができます。

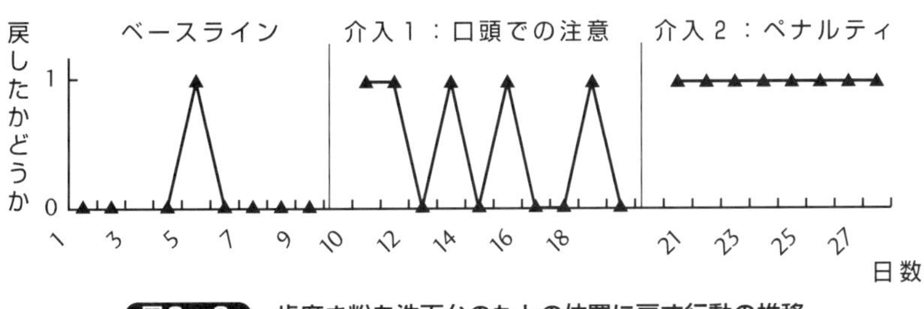

図6－2 歯磨き粉を洗面台のもとの位置に戻す行動の推移
(0：戻さない　1：戻す)

図6－2は、入浴時に歯磨き粉を元の場所に戻す行動について、介入を行った結果で、ABCデザインの例を表しています。ベースライン条件(A条件)の後、口頭での注意（B条件）を行いましたが効果がないので、ペナルティ（C条件）を導入してやっと改善が見られました。

しかしながら、AB デザインの短所は、介入を行った時期に偶然他の変数が重なってしまった場合に、介入法（独立変数）と行動変化（従属変数）の関数関係を証明できない点にあります。たとえば、図６－１を見ると行動的介入によってたばこを吸う本数が減っているように見えます。しかし、実生活においては､独立変数以外のさまざまな変数(剰余変数)が関与しています。たとえば、介入と同じ時期にたばこの値上がり（剰余変数）があったり、前の例のように医師に禁煙を勧められたり（剰余変数）したら、たばこの値上がりや医師の勧め（剰余変数）によって本数が減ったのか、行動的介入（独立変数）によって本数が減ったのか確認ができません。この場合、事例数が積み重ねられることで効果の確認ができます。次に、関数関係を確認できるデザインとして ABA デザインと多層ベースラインデザインを紹介しましょう。

4．ABA デザイン（反転デザイン）

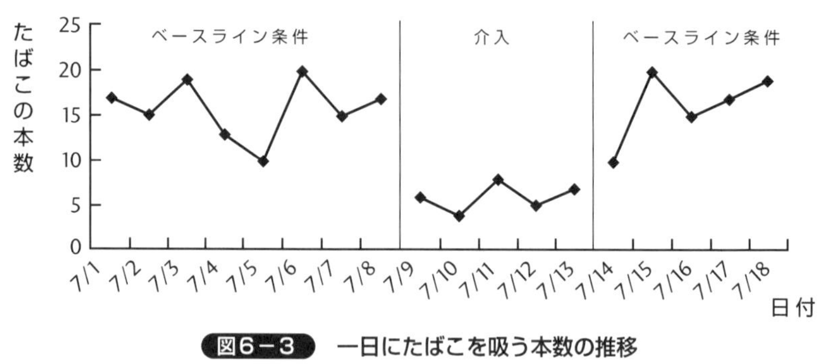

図6－3　一日にたばこを吸う本数の推移

介入法（独立変数）と行動変化（従属変数）の関数関係を明らかにするには、どのようなデザインを組めばよいでしょうか｡ひとつの方法は､介入条件をベースライン条件に戻して行動変化をみる方法です。先ほどのたばこを吸う行動の介入例で考えてみましょう。図６－３は、行動的介入後に、ペナルティをやめてベースライン条件に戻しました。すると再び吸うたばこの本数が増えています。つまり、介入法と行動変化の関数関係が明らかになったと言えるでしょう。

臨床的には、このまま改善がないままで放置することはできませんので、再び介入を行う必要があります。図6－4は、たばこを吸う行動の介入法におけるABABデザインの例を示しています。介入条件に戻すと再び、たばこを吸う本数が減少していますので、さらに介入法と行動変化の関数関係が明らかになったと言えます。

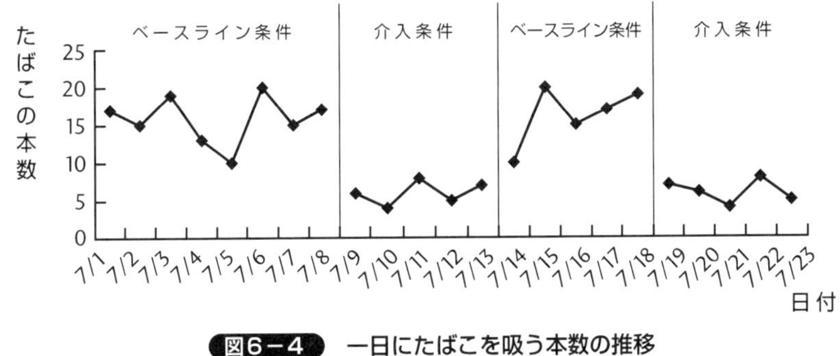

図6－4　一日にたばこを吸う本数の推移

ABAデザインの短所は、介入や指導が効果を発揮しても再び除去しなければならないことです。有効な方法をいったん止めるというのは、臨床的に躊躇されることです。もし標的とする行動が非常に危険な行動であれば中断すべきではありません。また介入の効果に可逆性がない場合があります。たとえば、図6－5のように何かの技能を習得するといった行動目標の場合にいったん介入によって習得できた行動は、ベースライン条件に戻しても維持し続けるかもしれません。

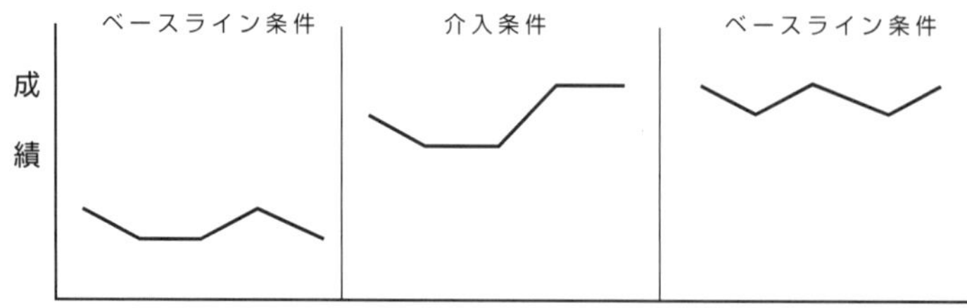

図6−5　ひらがなを正確に書く行動の仮想データのグラフ

5．多層ベースラインデザイン

介入法（独立変数）と行動変化（従属変数）の関数関係を明らかにするための２番目の方法が多層ベースラインデザインです。多層ベースラインデザインは、介入や指導の手続き（独立変数）を複数の対象者、場面あるいは行動（従属変数）に対して、時間的にずらして実施し同時に分析することによって、介入法（独立変数）と行動変化（従属変数）の関数関係を明らかにすることができます。以下のように３種類の多層ベースラインデザインがあります。

❶対象者間多層ベースラインデザイン

複数の人について、同じ場面で同じ行動を対象にして分析します。たとえば、タロウ、ジロウ、ハナコの３人が教室で離席する行動について分析する場合。

❷場面間多層ベースラインデザイン

複数の場面において、ひとりの人の同一の行動を対象にして分析します。たとえば、家、学校、病院の３つの場面でケンタが走り回る行動について分析する場合。

❸行動間多層ベースラインデザイン

同じ場面でひとりの人の複数の行動を対象にして分析します。たとえば、家でシゲルが、髪の毛を抜く、頭を叩く、大声を出すといった3つの行動について分析する場合。

図６－６は、休憩時間中、他者に話し掛けることが少ない３人の対象者に対して、話し掛ける行動の介入を行った仮想データで、多層ベースラインデザインのグラフを表しています。グラフは介入する順番に別々に並べ、ベースラインと介入フェーズを隔てる階段状の線を入れます。それぞれの対象者で介入の時期をずらすことで、話し掛けの増加が介入の効果によるのか、偶然の増加なのかを確かめることができます。

まず、最初にアキラの発話のベースラインが安定したら介入を始めます。残りのヤスシとタケシの発話に関してはベースライン条件のままです。アキラの発話が３連続して増加するか、基準に達した時点で２人目のヤスシの介入を始めます。３人目のタケシへの介入も同じように実施します。グラフでは、３人とも介入を行った後にだけ話し掛けの回数が増加していますから、介入の効果が証明されているわけです。

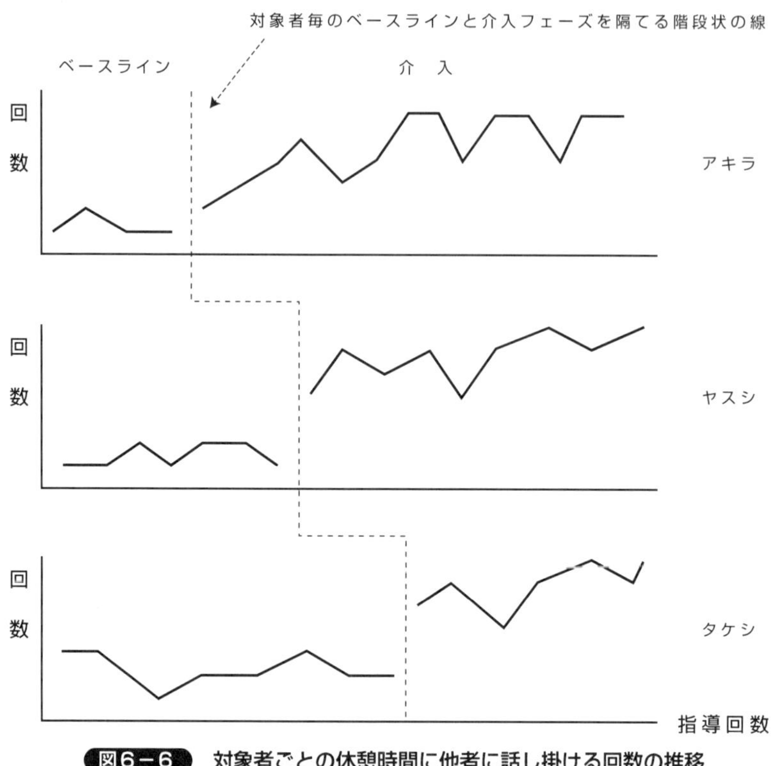

図6－6　対象者ごとの休憩時間に他者に話し掛ける回数の推移

多層ベースラインデザインの短所は、２番目以降に介入を始める人や場面や行動におけるベースラインが長くなってしまうということです。これは、指導や介入が遅くなってしまうという臨床的な問題と、データ収集のコストの問題があります。後者の問題解決としては、ベースライン・データを間欠的に収集するマルチプローブ技法があります。

この他にもさまざまなシングルケースデザインの種類があります。さらに詳しく、学びたい方は、バーローとハーセン（1988）による「一事例の実験デザイン－ケーススタディの基本と応用－」などを参照してください。

6．信頼性と妥当性

少し専門的な話になりますが、信頼性とは記録がどのくらい正確で客観的で信頼のおけるものであるかを表します。しかし人間が人間の行動を観察し評価するわけですから、なかなか100% 正確に評価することは難しいです。たとえば、野球やサッカーなどのプロスポーツで誤審問題が度々報道されますが、プロの審判員であっても人間なので年に何百試合の中で何回かは誤審が生じるのも無理はないと思います。100% 正確な記録は無理でも、なるべく間違いを減らす工夫はできます。審判員も複数配置して、なるべく誤審が少なくなるようにしていますし、際どいプレーに関してはビデオ判定なども導入されていたりします。究極的には、被観察者と観察者は厳密に分けることは不可能で正確さの限界があると行動科学では考えており、物理学においてさえどんなに機器の性能が向上しても同じように精密さの限界があると言われています。

また時々会社の会計情報や製品開発におけるデータの改ざんやねつ造、はたまた世界的に権威のある科学研究においてもそのようなことがニュースになることがあります。ある限られた人間によって恣意的にデータを変えるということが起きないように、第三者によるチェックも必要でしょう。

行動科学の研究では、データの信頼性を確保するために研究を行った人以外の人に、ビデオに撮っておいた行動を観察してもらって記録を取ってもらい、一致した項目数を全体の項目数で割って100をかけることで一致率というものを算出します。最低でも80% 以上の一致率がないと信頼性がないですし、90% 以上あれば信頼性のあるデータと見なしています。

妥当性というのは、そもそもその記録やデータが目標の改善をみる指標として妥当なものなのか、介入法が実施者や対象者に過度な負担や苦痛をもたらすものでなかったのか、結果は満足できるものなのかを本人や第三者に主観的に評価してもらうことです。

医療の分野では、被治療者に心身の負担や苦痛を与えるような治療を行う際に、インフォームドコンセントといって治療者が被治療者に対して治療の目的や方法、リスクや取るべき責任について十分に説明を行い、文書による同意を得てから治療を行うようにしています。心理学の研究でも、被験者に対しては研究の目的を説明し同意を得てからでないと研究を実施できないという倫理的な規定が設けられています。行動科学的介入を行う際にも、安易に実施せず倫理的な面も考慮して実施する必要があります。

妥当性に話を戻すと具体的には、さまざまな項目からなるアンケート用紙を作り、５段階や７段階で評定を行います。表６－１や表６－２の例は７段階評価です。実際の質問項目は、例を参考にして評価したい内容を自由に変更してもらって構いませんし、自由記述の欄があると質問項目以外の意見も得られます。

表6－1　自身の実践に関する社会的妥当性の評定の例

質問項目	全くそう思わない		どちらともいえない		とてもそう思う		
	-3	-2	-1	0	1	2	3
1）今回の介入や実践を通じて行動は改善された	-3	-2	-1	0	1	**2**	3
2）今回行った介入や実践は、負担が小さかった	-3	**-2**	-1	0	1	2	3
3）今回行った介入や実践は、動機づけが高く、楽しいものだった	-3	-2	-1	0	1	2	**3**
4）行動を変えるために、今回の介入方法は良いと思う	-3	-2	-1	0	1	**2**	3
5）行動科学に基づく方法は、わかりやすく役に立つと思う	-3	-2	-1	0	**1**	2	3
6）今後は、他の行動に関しても、行動科学に基づく介入方法を実践してみたい	-3	-2	-1	0	1	**2**	3

自由な感想

表6－2は実践の効果を第三者に評定してもらうための社会的妥当性の評価用紙の例です。質問の4と5は、介入前、介入中、介入後の結果の評価をしてもらう項目です。ビデオや写真など結果がわかるものを提示して、それぞれ評価してもらいます。実際に提示する時は、どの段階のものかを伝えず、提示する順番もランダムになるようにしなければなりません。

表6－2 第三者による社会的妥当性の評定結果の例

質問項目	母親の回答						
	全くそう思わない		どちらともいえない		とてもそう思う		
	-3	-2	-1	0	1	2	3
結果やビデオの提示後							
1）この人の行動や状態は良くなっていますか	-3	-2	-1	0	1	(2)	3
2）このような実践は、あなたにもできそうですか	-3	-2	-1	0	1	(2)	3
3）このような実践を行うのは有益だと思いますか	-3	(-2)	-1	0	1	2	3
介入前・介入中・介入終了後の結果やビデオの提示後							
4）どの結果やビデオが最も良かったですか	A（○）		B（　）		C（　）		
5）どの結果やビデオが最も行動が改善していると思いますか	A（○）		B（　）		C（　）		
自由な感想							

練習問題1

独立変数と従属変数とは何でしょうか。

練習問題2

対人支援を行う上での介入法を評価する上でのグループ比較研究とシングルケーススタディのメリットとデメリットをそれぞれ述べてください。

練習問題3

データの信頼性と妥当性とは何でしょうか。

+ Ⅱ. 実践編 +

7章
＋セルフマネージメント＋

1．ルール

1）ルールによる制御

テレビをつけるとどのチャンネルでもグルメ番組が大にぎわいですが、「おいしいラーメン屋に行ってラーメンを食べる」という行動を考えてみましょう。

例1 たまたま近くのしげる食堂に入ってラーメンを食べたらおいしかった場合

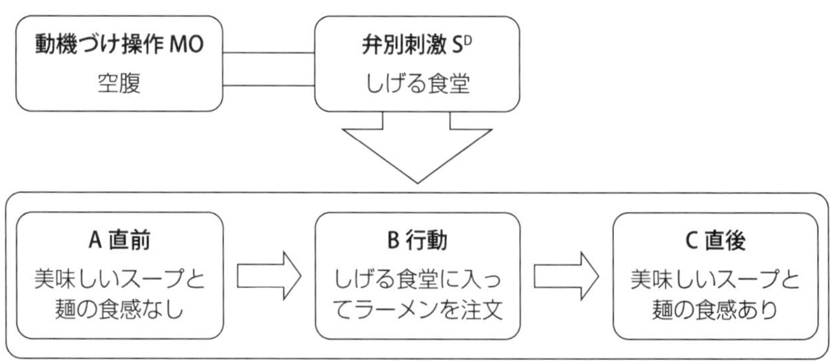

例1）の行動ダイアグラム

お店に入って、おいしいラーメンが食べられるという経験をすることで、将来、しげる食堂に行って食べる行動は、増えるでしょう（もし、まずいラーメンだったら、行かなくなるでしょうが）。

あるいは、テレビのグルメ番組で丸星ラーメンがおいしいと放送されるとか、グルメな友だちに「丸星ラーメンのとんこつラーメンおいしいよ。」と言われるとか、丸星ラーメンの看板に「テレビで取り上げられた評判のとんこつラーメン」と書いてあるとかすると、丸星ラーメンに行く可能性は高くなるでしょう。そして、実際に行って食べて美味しければ、将来また丸星ラーメンに行く行動は、増えるでしょう。

例2 **友だちに「丸星ラーメンのとんこつラーメンおいしいよ。」と言われて実際に出かける場合**

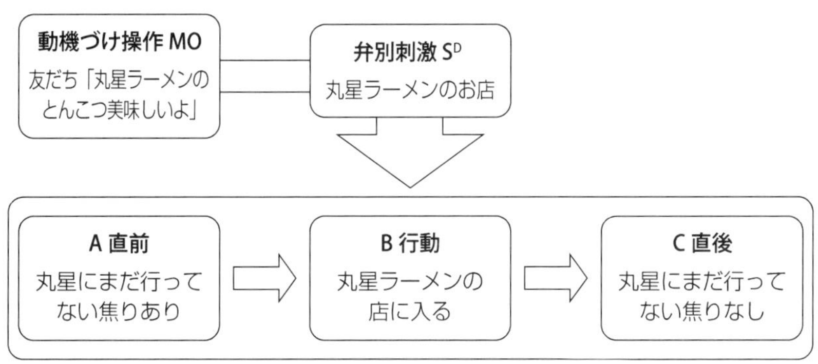

例2）の行動ダイアグラム

例1）と例2）の行動は、「店に入る」という行動は同じですが、少し異なっています。例1）は、試行錯誤をしながら、直接自分で経験することによって、学習した行動です。一方、例2）は、自分で直接経験しなくても、言語を介して人から伝えられたこと「丸星ラーメンに行ってとんこつラーメンを食べるとおいしいよ。」を元に生起した行動です。

実はこの「丸星ラーメンに行ってとんこつラーメンを食べるとおいしいよ。」という言葉自体が、行動随伴性を記述しています。この行動随伴性を記述した言語刺激のことを「ルール」と言います。そして、ルールが行動を制御することを「ルールによる制御」、ルールによって制御されている行動を「ルール支配行動」と言います（杉山・島宗・佐藤・マロット・マロット，1998）。

ルール：行動随伴性を記述した言語刺激。

ルールによる制御：ルールが行動を制御すること。

ルール支配行動：ルールによって制御されている行動。

ルールは「動機づけ操作」として機能すると考えられています（杉山ら，2005）。例２）のように友だちが言ってからしばらく経つのにまだ自分は丸星ラーメンに行っていないと、友だち同士で「こないだ丸星行ってさ…」と話が盛り上がっているのに、自分だけ取り残されたような寂しい気分になるでしょう。つまり一旦ルールが述べられると、ルールに従っていない状態が、焦りとか不安といった嫌悪的な気分を引き起こします。そして実際に丸星ラーメンに行くことで、焦りや不安といった嫌子がなくなることで、ルールに従う行動が強化されると考えられるのです。

一方、例１）のようにルールによらずに、直接、行動随伴性による行動の制御を「随伴性による制御」、随伴性によって生じている行動を「随伴性形成行動」と言います。

随伴性による制御：ルールによらず行動随伴性による行動の制御。

随伴性形成行動：ルールによらず行動随伴性によって生じている行動。

２）効果のないルール

健康に関する話題は、テレビやマスコミでもよく取り上げられ、健康ブームとも言われています。テレビ番組を見たとたんに「よーし、運動するぞ！」とか「たばこをやめるぞ！」と決意しても三日坊主となって続かないことはよくあると思います。トム・ソーヤの冒険を書いたアメリカの文豪マーク・トウェーンはこのように言っています。

煙草をやめるなんてとても簡単なことだ。私は百回以上も禁煙している。

このような自己管理行動がうまく行かないのはなぜなのか考えてみましょう。

❶1回の行動に対する結果の量が小さい（塵も積もれば山となる型）

国立研究開発法人国立がん研究センターの報告があります。非喫煙者、喫煙を止めた人、喫煙者の３グループで、10年間の死亡率を比べてみると、喫煙者の死亡率は、非喫煙者と比べて、男性では1.6倍、女性では1.9倍と高いことが分かりました。死亡原因ごとにみると、喫煙者の死亡率は、がん（男性1.6倍、女性1.8倍）、心臓病や脳卒中などの循環器疾患（男性1.4倍、女性2.7倍）、その他の死因（男性1.6倍、女性1.4倍）のいずれでも高くなっていました。一方、喫煙を止めた人の死亡率は、全死因、がん、循環器疾患のいずれでみても、非喫煙者との差は認められませんでした。

このように、たばこが健康に与える害がはっきりしているのに、何百万人もの人々がたばこを吸い、数万人もの人ががんで亡くなっているというのは、どういうことなのでしょうか。行動随伴性により考えてみましょう。

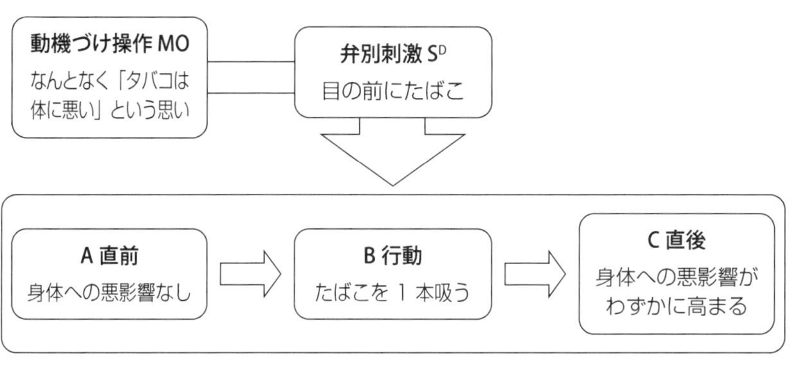

❶の行動ダイアグラム

「たばこは体に悪い」と知っていても、一本吸っただけで「がん」になるわけではありません。何本も吸い続けることによって累積的にがんになる確率が高まるのです。つまり、一回の行動では、結果が小さすぎて、行動を弱化するのに十分ではないのです。累積的には大きな影響があるのに、一回の行動の結果が小さすぎてうまく行かないのは、「塵も積もれば山となる」型の行動随伴性です。

❷確率の低い結果（天災は忘れた頃にやってくる型）

毎年、約１万人の人が交通事故で命を落としています。そのために遺族が受けるダメージは、計り知れないものがあります。そのため、事故を予防するためにさまざまな交通ルールや取締りが行われています。にもかかわらず交通違反をする人は、後を絶ちません。それはなぜでしょうか。これも、行動随伴性を元に理論分析してみましょう。

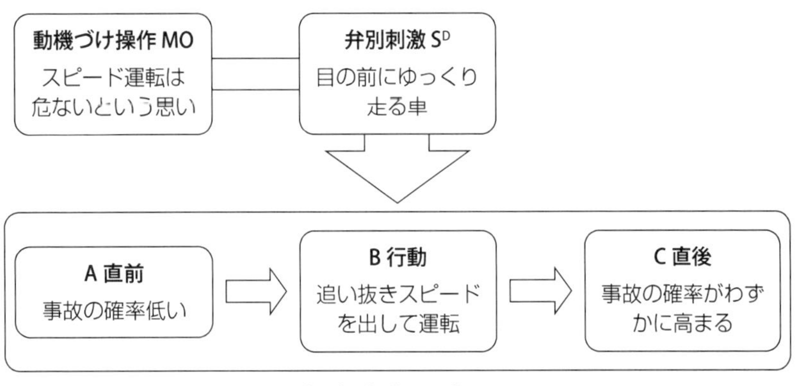

❷の行動ダイアグラム

制限速度を超えて運転すると危ないということは知っていても、誰もが「まさか自分が交通事故に遭うことはないだろう」と思っています。結果が起こる確率が低いために、行動を弱化するのに十分でないのです。このように、いったん事故が起これば深刻な結果をもたらすのに結果の生起確率が低すぎて、行動のコントロールがうまく行かないのは、「天災は忘れた頃にやって来る型」の行動随伴性です。

行動の法則（杉山・島宗・佐藤・マロット・マロット，1998）

守りにくいルール：	一回の反応に随伴する結果が、小さすぎるか確率が低すぎるルールは、守りにくい。
守りやすいルール：	一回の反応に随伴する結果が、適切な大きさで、確実なルールには従いやすい。

我々人間は、ただ単に自然の流れに任されて行動している生き物ではありません。自身で行動随伴性を分析し、計画し、修正して自分や他人の行動を律することができます。自然な随伴性では、うまく行動をコントロールできない場合に、守りやすいルールを設定して、行動をコントロールしやすくする方法が、これから述べるセルフマネージメントやパフォーマンスマネジメントです。

テレビのニュースや新聞の３面記事を見ると、さまざまな悲惨な事件が報道されています。そのために、専門家が動員されて改善の道が探られています。しかし、そのような特殊な事件よりも、はるかに多くの人が、成人病や交通事故を始めとする事故で亡くなっています。セルフマネージメントやパフォーマンスマネージメントを応用することで、さまざまな生活習慣病や危険、事故を予防したり、減らしたりするような行動を身につけることができます。

2．ダイエット行動の事例

セルフマネージメントを成功させる一つの鍵は、まず行動の目標を立てることです。「体脂肪率を減らす」とか、「酒やたばこを減らす」などの目標は、結果として達成される目標です。行動随伴性を分析し、介入法を計画するためには、目標を行動のレベルで記述しなければなりません。たとえば、「体脂肪率を減らす」ための行動目標は、「毎日、30分有酸素運動をする」などとなります。さらに、有酸素運動を具体的に書くとしたら、「近所を歩く」「山を散策する」

「ジョギングする」などとなるでしょう（注意：極端な食事制限によるダイエットは失敗しやすく、身体に害を与える危険性が高いのでお勧めしません）。

1）行動目標

サチコさんは、健康診断の時に「体脂肪率が高い」という結果をもらい、「1年後にミニスカート、ノースリーブを着こなすぞ！」と一大決心をしました。対象者はサチコさんで、行動目標は「週4回スポーツジムに通い、エアロビクスや筋肉トレーニングをする」です。行動が生じる状況は、大学の授業が終わった帰りの途中にスポーツジムに寄ることとし、達成基準は体脂肪率を30％未満に減らし、お気に入りの洋服が着られるようになることでした。

2）理論分析

しかしその決心もなかなか長続きしませんでした。なぜでしょうか？この場合、「ジムで運動をする」のは望ましい行動なので、望ましい行動が生起しない要因についての行動随伴性の理論分析を行います。

望ましい行動が生起しない要因

❶望ましい行動を弱化する随伴性
❷望ましい行動を邪魔する行動を強化する随伴性
❸望ましい行動を強化するのに効果のない随伴性

❶望ましい行動を弱化する随伴性

望ましい行動がなかなか生起しないということは、何らかの弱化の随伴性が働いているということです。ここでは行動を弱化する自然の随伴性が幾つか働いています。普段あまり運動していない人が急に運動を始めると筋肉痛

に襲われます。その後身体を動かそうとすると直後に筋肉痛という嫌子が生じます。またジム通いによりテレビなどの娯楽時間が減るでしょう。これは好子の消失をもたらします。レポート課題などがたまっている時に、ジム通いするとなかなかレポートが片付かないでしょう。これは嫌子の除去の阻止ですから、いずれも行動を弱化する随伴性です。

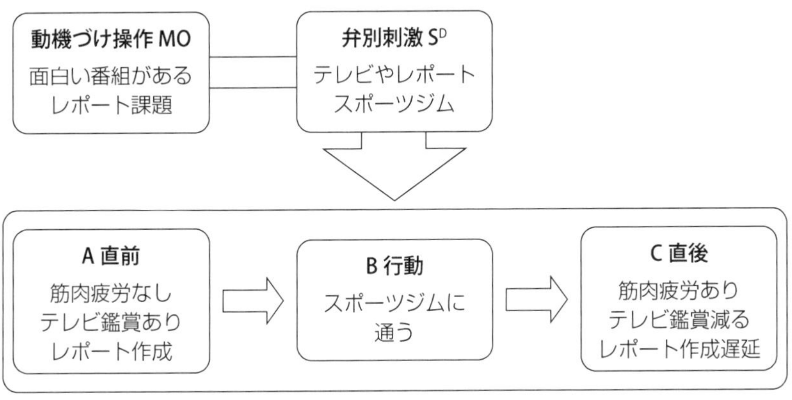

❶の行動ダイアグラム

❷望ましい行動を邪魔する行動を強化する随伴性

ジムに通う行動を邪魔している行動、つまりジム通い以外に時間を使っている行動は何かについて考えてみます。レポートを書く、家でテレビを観るなどをしていることが分かります。レポートを書く行動は、単位がなくなる不安（嫌子）の除去によって強化され、テレビを観ることは、面白い映像（好子）の提示によって強化されます。

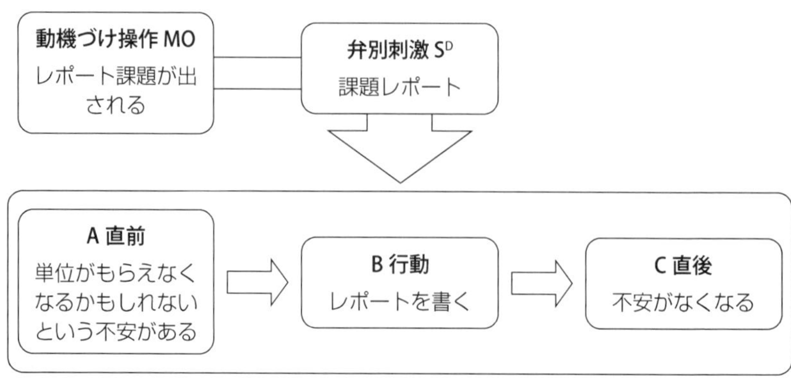

❷の行動ダイアグラム

❸望ましい行動を強化するのに効果のない随伴性

運動の目標にしている「体脂肪率が減る」ことは、サチコさんにとって好子ですが、1回のジム通いでは効果が現れません。結果が小さすぎて行動を強化するには十分ではないのです。体脂肪率を30%未満に減らすような効果をもたらすには、長期間、何度も通う必要があります。これは「塵も積もれば山となる型」の効果のない随伴性です。

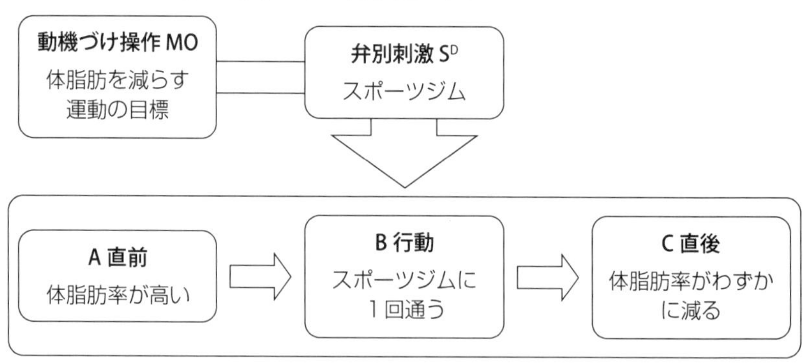

❸の行動ダイアグラム

3）介入方法

サチコさんは、運動する行動を強化するためにさらに強力な随伴性を計画しました。サチコさんは、甘いお菓子が大好きです。お菓子は、通常カロリーの高い食べ物ですが、低カロリーのものを用意すれば問題はないということで、スポーツジムに行った時は、家でお母さんにお菓子を出してもらい、スポーツジムに行かなかった時はお菓子なしという約束をしました。また、自室の目立つ場所に「目指せ！ミニスカ＆ノースリーブ」というスローガンのポスターを貼りました。

レベルA	レベルB	レベルC
「目指せ！ミニスカ＆ノースリーブ」というスローガンを自室の壁に掲示する	特になし	スポーツジムに行くと母親が低カロリーのお菓子を提供してくれる

4）結果

サチコさんは、セルフマネージメントを行うことにより、継続してスポーツジムに通うことができるようになり、体脂肪率も34％から27％まで減少しました。

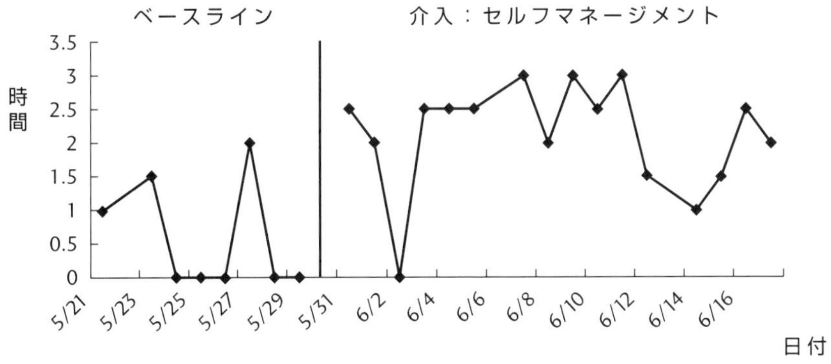

スポーツジムにおける毎日の運動時間（ジムに行かなかった日は0時間）

5）考察

次に介入が上手くいった理由について考察してみましょう。サチコさんにとってお菓子を食べるのは何よりも楽しみなので、スポーツジムに通う行動を強化するのに非常に効果的な好子でした。また、継続的にジムに通うようになってからジム友だちもでき、お互いに励まし合うようになった、つまり人的好子の出現もジムに通う行動を強化した要因でした。

❶効果的なセルフマネージメントによる随伴性

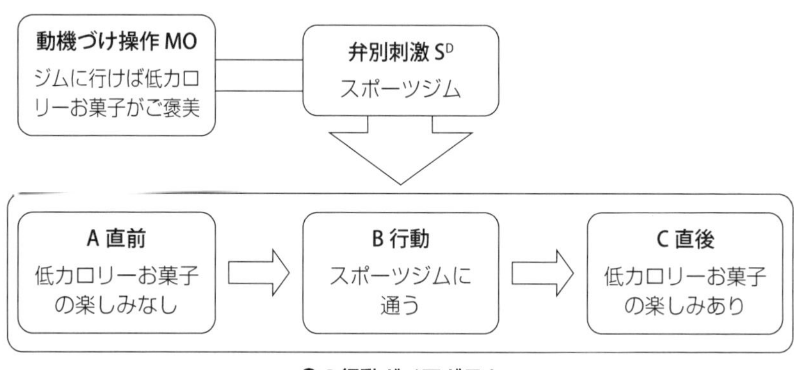

❶の行動ダイアグラム

❷効果的な自然な随伴性

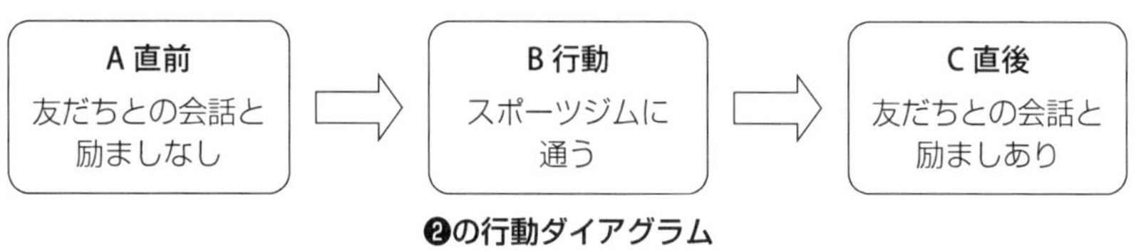

❷の行動ダイアグラム

このようにセルフマネージメントから、自然な随伴性により行動が維持されるようになることが理想の介入です。

3．点字学習の事例

ナオさんは、大学で福祉を学ぶ学生です。何か目標を持って日々がんばろうと思うのですが、自分で飽きっぽい性格と思い込んでいるため何事も長くは続きません。週日は大学での授業の後アルバイトに出かけ、疲れて家に帰った後は何もする気が起こらないので、ついついテレビを観てしまう毎日です。しかし、福祉分野での勉強を続けるうちに、視覚障害者の支援に関心を持つようになったナオさんは、点字講習会に通い点字を習得しようと決心しました。

1）行動目標

対象者は、ナオさん。行動目標は「毎日 30 分以上点字を打つ練習をする。」で、行動が起こる状況は「帰宅後自分の部屋で点字の練習をする。」というものでした。達成基準は「点字の五十音表を見なくても点字を打てるようになること」でした。

2）理論分析

この場合、「点字を打つ練習をする」のは望ましい行動なので、望ましい行動が生起しない要因についての行動随伴性の理論分析を行います。

望ましい行動が生起しない要因

❶望ましい行動を弱化する随伴性
❷望ましい行動を邪魔する行動を強化する随伴性
❸望ましい行動を強化するのに効果のない随伴性

❶望ましい行動を弱化する随伴性

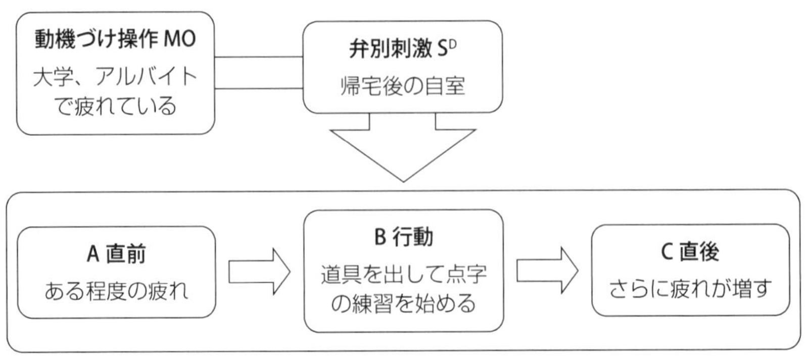

❶の行動ダイアグラム

ナオさんはアルバイトから帰るとくたくたに疲れて、点字を練習する元気が出ませんでした。疲れている状態で点字の練習をしようとすることで疲労感が増します。つまり点字の練習は嫌子の出現により弱化されます。

❷望ましい行動を邪魔する行動を強化する随伴性

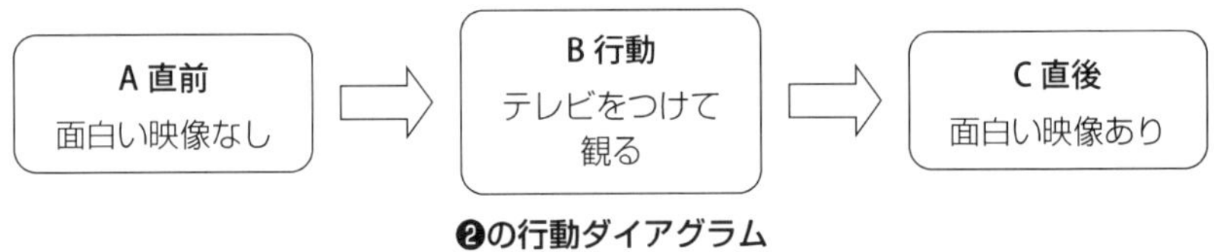

❷の行動ダイアグラム

帰宅後、テレビのスイッチを入れることで、面白い番組を見ることができます。テレビのスイッチを入れる行動は、好子の出現により強化されます。

❸望ましい行動を強化するのに効果のない随伴性

1回30分間、点字の練習をしても、点字の腕前はわずかに上達するだけです。点字の腕前が上達するには、毎日コツコツと継続して努力しなければなりません。これは、塵も積もれば山となる型の効果のない随伴性です。

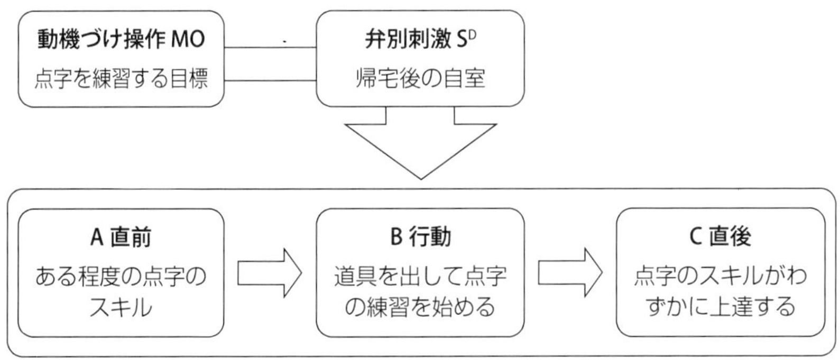

❸の行動ダイアグラム

このように理論分析を行ってみると、点字を練習する行動を強化する随伴性よりも、弱化する随伴性の方が強く、しかも、点字以外の行動をする随伴性が強く働いているので、現状では点字の練習行動は生起し難いことが分かります。

3）介入方法

介入方法として、まず「毎日30分以上点字の練習ができたら、好きなケーキやシュークリームを食べられる」というルールを決めました。また、その日何分練習したかを記録に取り、折れ線グラフに記入して目に付く場所に掲示しました。

しかし、これでは十分な改善が見られなかったので、さらに「その日30分以上点字の練習をしなかったら、母親の500円貯金に協力し貯金箱に500円を入れる」という約束を母親と取り交わしました。

レベル A	レベル B	レベル C
介入①練習時間のグラフを目につく場所に掲示	特になし	介入①「毎日 30 分以上点字の練習ができたら、好きなケーキやシュークリームを食べられる」というルール 介入②「その日 30 分以上点字の練習をしなかったら、母親の 500 円貯金に協力し貯金箱に 500 円を入れる」という母親との約束

4）結果

介入前は、２週間のうち目標が達成できなかった日が６日もありました。その日は、いずれもバイトやサークルの日と重なっており、忙しい日は行動が生起し難いものになっていました。介入①では、お菓子を好子に頑張りましたが、一日だけ目標を達成できませんでした。この日もバイトで夜遅く、行動が生起し難かったのです。介入②の後は、10 日以上にわたって 30 分以上練習することができました。

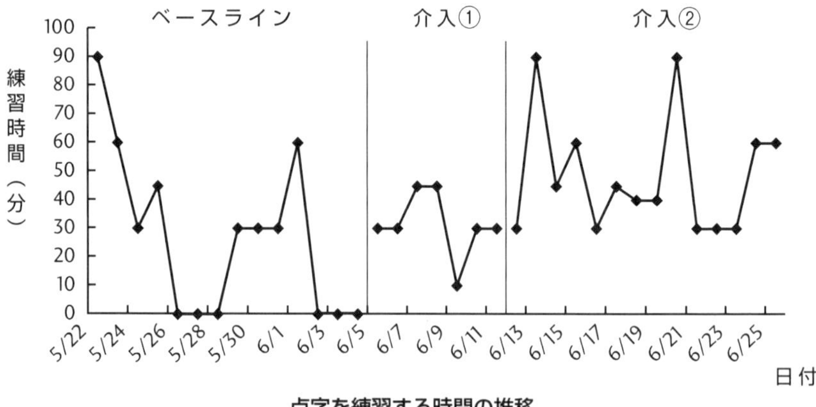

点字を練習する時間の推移

5）考察

❶効果的なセルフマネージメントの随伴性

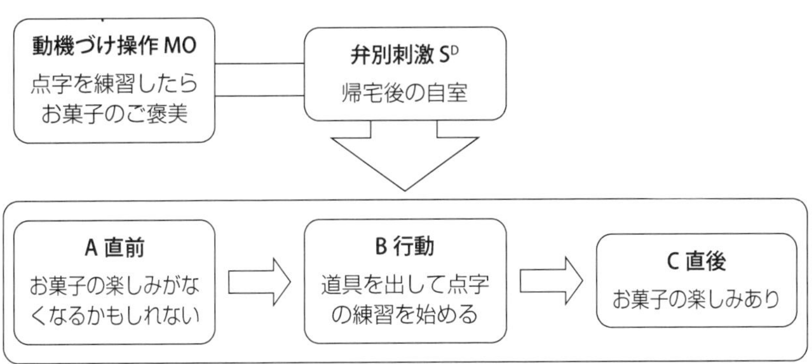

❶の行動ダイアグラム

アルバイトがない日や帰りが夜遅くならない場合は、お菓子の好子が十分に機能しましたが、バイトで夜遅くなると非常に疲れてしまって、お菓子による好子出現の強化よりも嫌子（疲れによる面倒くささ）出現による弱化の随伴性の方が強く働きました。

❷効果的なセルフマネージメントの随伴性

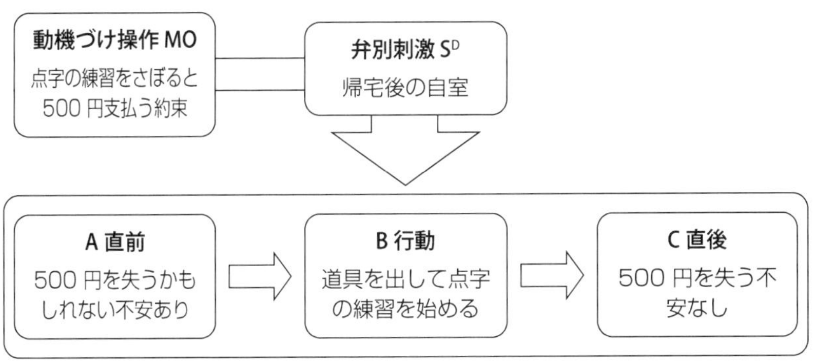

❷の行動ダイアグラム

しかし、500円を失う不安の方が強力に点字練習の維持に効果を発揮しました。500円を失う不安という嫌子の除去によって、どんなに疲れている日でも、点字を練習する行動が強化されるようになりました。

ダイエット行動の事例も点字学習の事例も、一回一回の行動の結果が小さすぎて効果をもたらさない「塵も積もれば山となる型」でした。このような行動の場合、目標がどれだけ達成できているかを見て確認できるような仕組みを作りましょう。この仕組みをパフォーマンス・フィードバック（島宗, 2000）と言います。小学生のときに早朝ジョギングという活動があって、先生がそれぞれの生徒のために何キロ走ったかを自分で記録できるように壁に用紙を貼って用意してくれていました。記入するのが楽しくて走るのが楽しかったことを憶えています。このように行動の達成状況や行動による変化を記録し、見てわかるようにグラフを目につく場所に掲示しましょう。たとえば、ダイエットの事例ならば、脱衣所に体重計を設置して壁にグラフ用紙を貼りつけ､風呂に入るときに計測してグフフに記入するようにするなどです。簡単で無理なく実施できるように工夫することがコツです。

パフォーマンス・フィードバック：どれだけ目標を達成しているか、一目でわかるようにする仕組み。

練習問題１

ルール支配行動と随伴性形成行動の違いは何ですか？

練習問題２

守りにくいルールには２種類ありますが、それは何ですか？説明してください。

練習問題３

望ましい行動が生起しない要因について３つの随伴性は何ですか？

8章
＋パフォーマンスマネージメント＋

自分で自分の行動を改善するときに役立つのがセルフマネージメントという方法ですが、他者の行動を改善するときもセルフマネージメントと同じ原則を用いることができます。

自然の随伴性では他者の行動を改善できない時に、随伴性を計画して実行する手続きのことをパフォーマンスマネージメントと言います。心理士やカウンセラーがクライエントの行動を改善する、教師が生徒の指導をすることも広くパフォーマンスマネージメントと言えます。次にその例を見てみましょう。

1．父親のものぐさ行動の改善

ハルカさんは、大学の勉強だけでなく、家事もきちんと手伝う家族思いの大学生です。しかし、毎晩洗濯機を回す時、父親の靴下を表に直さなければいけないので、何とかして欲しいと思っていました。

1）行動目標

対象者は、ハルカさんの父親で、「靴下を表にして洗濯かごに入れる」を行動目標として取り組むことにしました。行動が生じる状況は、父親が仕事から帰宅して服を着替える時で、達成基準は毎日できるようになり習慣化することでした。

2）理論分析

この場合「靴下を裏にしたまま洗濯かごに入れる」のは望ましくない行動なので、望ましくない行動が生起する要因についての行動随伴性の理論的分析を行います。

望ましくない行動が生起する要因

❶望ましくない行動を強化する随伴性
❷望ましくない行動を阻止する行動を弱化する随伴性
❸望ましくない行動を弱化するのに効果のない随伴性

❶望ましくない行動を強化する随伴性

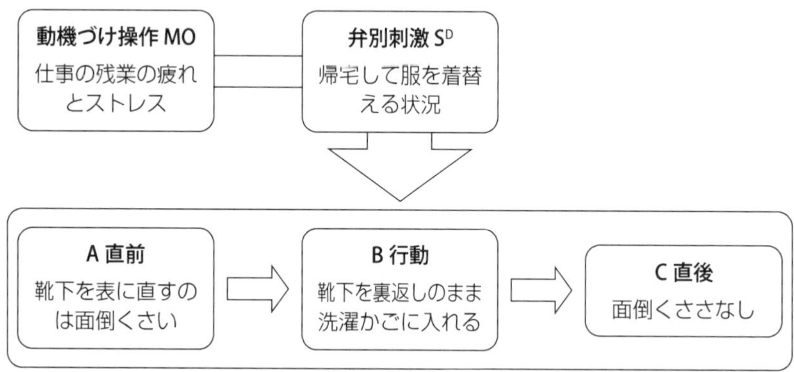

❶の行動ダイアグラム

❷望ましくない行動を阻止する行動を弱化する随伴性

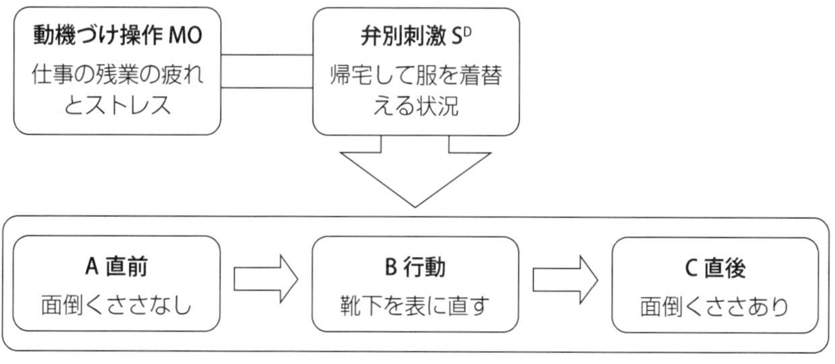

❷の行動ダイアグラム

❸望ましくない行動を弱化するのに効果のない随伴性

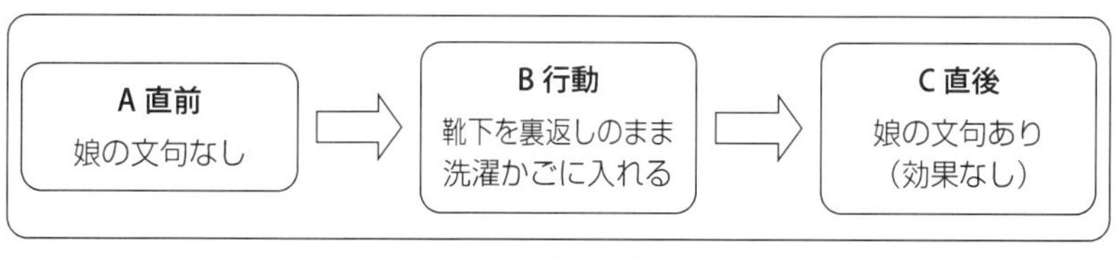

❸の行動ダイアグラム

まず、父親の靴下の脱衣行動に関して、自然の随伴性を分析してみましょう。父親が靴下を裏返しにして洗濯かごに入れると後で娘に文句を言われますが、父親の裏返しのまま洗濯かごに入れる行動を弱化するには、十分な嫌子として機能しません。結局、娘であるハルカさんが直してしまい、いつでも洗濯されて清潔でたたんである靴下が使用できる状況でした。さらに、父親は、夜遅く帰宅し、靴下を表に直して洗濯かごに入れることは、非常に面倒なことであったので、靴下を表に直す行動は弱化されてしまうのでした。

3）介入方法

そこで、ハルカさんは介入方法として、パフォーマンスマネージメントを応用することにしました。まず、ハルカさんが洗濯する時に、靴下が表に直っていないときは、父親が家族の貯金箱に 100 円入れるという約束をしたのです。一週間、この方法を続けましたが、あまり効果が見られなかったので、支払う金額を 500 円に上げました。

レベル A	レベル B	レベル C
特になし	特になし	介入①帰宅して靴下を洗濯かごに入れる際、靴下が表に直っていなかった時に家族の貯金箱に 100 円支払う 介入②同じ手続きで金額を 500 円にアップ。

4）結果と考察

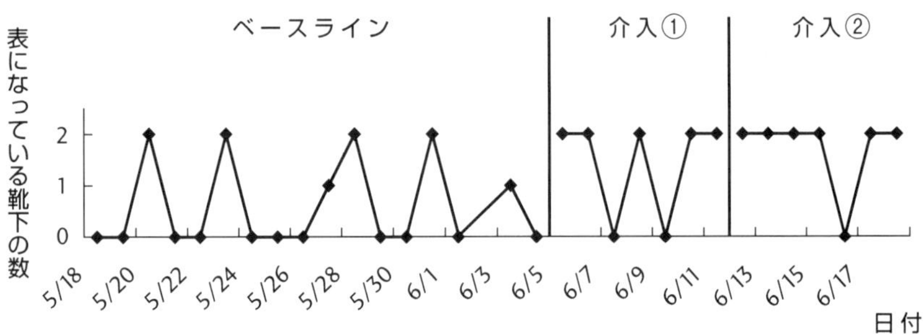

ハルカさんの父親の靴下を表にして洗濯かごに入れる行動の推移：靴下が両方とも裏返しなら 0、片方が表になっていれば 1、両方表に直っていれば 2

効果的なパフォーマンスマネージメントによる随伴性

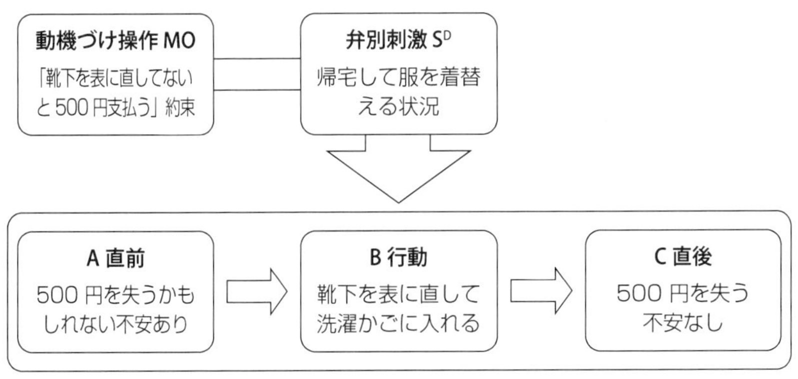

行動ダイアグラム

500円を失うかもしれない不安という嫌子の提示の阻止により、父親が靴下を表に直して洗濯かごに入れる行動は強化されました。一ヶ月間この介入法を続けることで、父親の靴下を直す行動は、ほぼ完璧に改善されました。さらに、このような取り組みを通して、親子間の対話が促進されたという副次的な効果がありました。

2．父親の喫煙行動の改善

大学生のクミさんの父親は、仕事一筋の銀行マンで、部下にも慕われる良い上司です。家族は妻と娘２人、それに愛犬のミニチュアダックスフンドで、幸せな家庭を築いています。しかし、ストレスの多い仕事柄喫煙の量はすさまじく、これまで何度も禁煙を試みましたが、一日ももったことがありませんでした。父親以外の家族で喫煙する者は一人もいないので、喫煙によって生じる大量の煙には家族みんなが不快を感じていました。そこで、この父親の喫煙行動に対して、大学で応用行動分析を学んでいるクミさんが一肌脱ぐこととなりました。

1）行動目標

対象者は、クミさんの父親でした。禁煙を勧めるのは、もはや不可能と思われたので、行動目標は、「喫煙する時は、台所の換気扇の下に移動し、喫煙すること」としました。行動の起こる状況としては、「夕食後、一家団らんでテレビを見ているとき」としました。

2）理論分析

たばこを吸う行動は、家族にとって望ましくない行動なので、望ましくない行動が生起する要因についての行動随伴性の理論的分析を行います。

望ましくない行動が生起する要因

❶望ましくない行動を強化する随伴性
❷望ましくない行動を阻止する行動を弱化する随伴性
❸望ましくない行動を弱化するのに効果のない随伴性

❶望ましくない行動を強化する随伴性

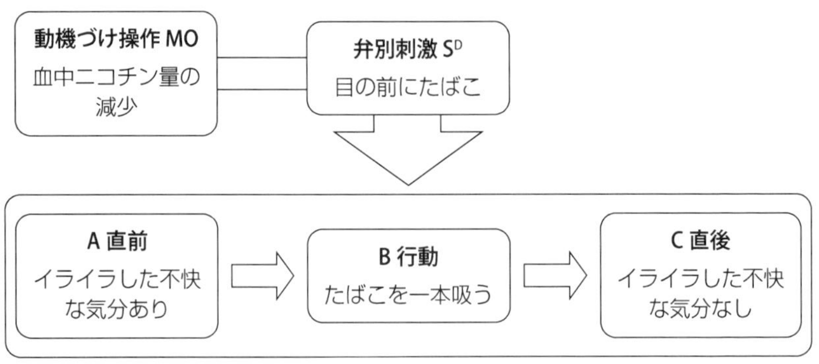

❶の行動ダイアグラム

喫煙行動が習慣化している人は、一定時間喫煙しないでいると血中のニコチン量が減り、不快になってきます。これに対して喫煙を行うと血中ニコチン量が上昇し、不快が避けられると同時に気分が良くなります。これは、嫌子の除去による強化随伴性（逃避随伴性）と好子（快適な気分）の出現による強化随伴性です。

❷望ましくない行動を阻止する行動を弱化する随伴性

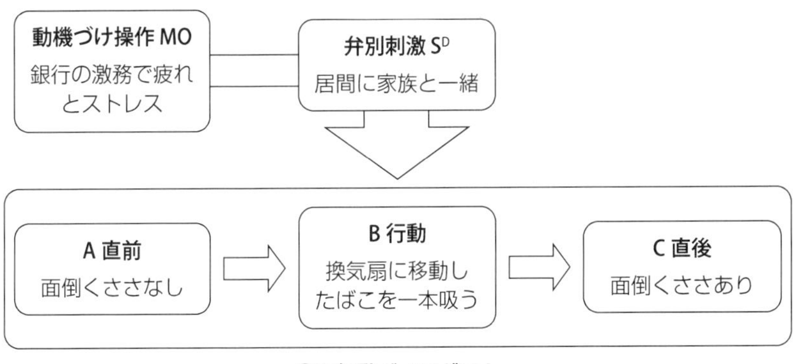

❷の行動ダイアグラム

❸望ましくない行動を弱化するのに効果のない随伴性

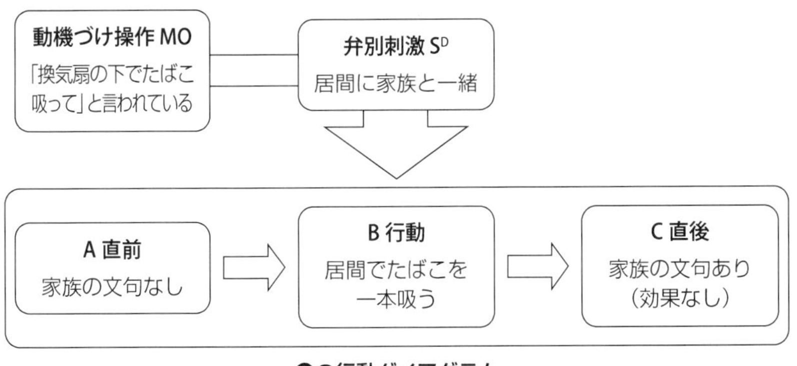

❸の行動ダイアグラム

一方、喫煙していない他の家族にとって、たばこの煙は不快そのものです。そこで、家族は、父親に対していろいろと不満を述べることになります。父親にとって、家族に不満をぶつけられることは嫌子であり、嫌子の出現による弱化随伴性が働くことになります。しかし、家族に不平を言われる弱化随伴性よりも、たばこを吸う爽快感の強化随伴性の方が強力に作用します。さらに、喫煙のためにいちいち換気扇に移動することは、面倒で手間がかかります。つまり、換気扇に移動する行動が弱化されます。これらの理由より居間での喫煙行動は維持されます。

3）介入方法

行動問題の理論的分析により、父親の喫煙行動自体をなくすことは非常に難しいことが分かりました。そこで、家族の迷惑にならないように換気扇の下で喫煙してもらうこととしました。介入方法としては、まず口頭で「たばこを吸うときは、換気扇の下で吸ってください。」と父親に言いました。しかし、それでは十分に行動が改善されなかったので、換気扇の下で吸わなかった場合に、家族の食後のデザートを買ってくるというペナルティを科すことにしました。記録は、家族の誰かが行い、父親が換気扇の下で喫煙した場合は○、換気扇の下で喫煙しなかった場合は×をつけるようにしました。また、他の家族の人（母親、娘２人）がたばこの煙に対して不快を感じたかどうかも記録しました。

レベルA	レベルB	レベルC
介入①口頭で「たばこを吸うときは、換気扇の下で吸ってください。」と父親にルールを伝える	特になし	介入②ルールに従わなかった場合に家族の食後のデザートを買ってくる

4）結果

介入①では、口頭で注意するのみだったので、換気扇でたばこを吸う行動は、できたり、できなかったりが続きました。そこで、家族で話し合いを行い、介入②として、「換気扇の下で吸わなかった場合に、家族の食後のデザートを買って来てもらう。」ことが決まりました。最初の３日間はきちんと守っていましたが、４日目につい居間でたばこを吸ってしまい、ペナルティとして、夜コンビニに出かけて家族のデザートのプリンを買ってきました。この経験は、仕事人間の父親にとって非常にプライドを傷つけられる不快なことであったらしく、それ以後は気をつけて換気扇の下でたばこを吸うようになりました。介入が終わった後も、換気扇の下でたばこを吸う行動は維持し、生活習慣として定着しました。

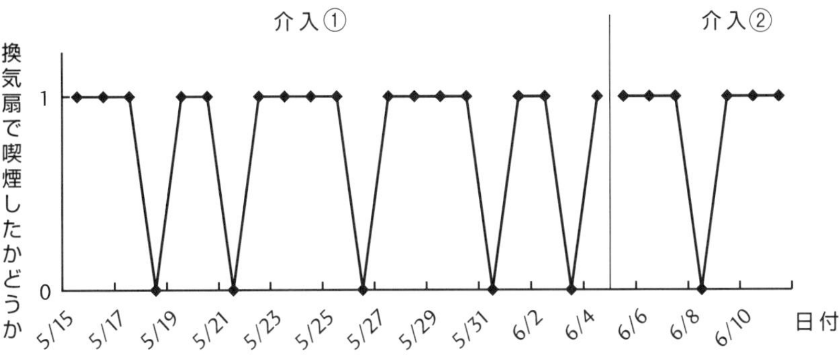

クミさんの父親が換気扇の下で喫煙する行動の推移

また、介入②以降、たばこの煙に不快な思いをする家族の人数も減少しました。さらに、介入のプロセスを通じて、親子のコミュニケーションが進み関係がさらに良好になるという副次的効果ももたらしました。

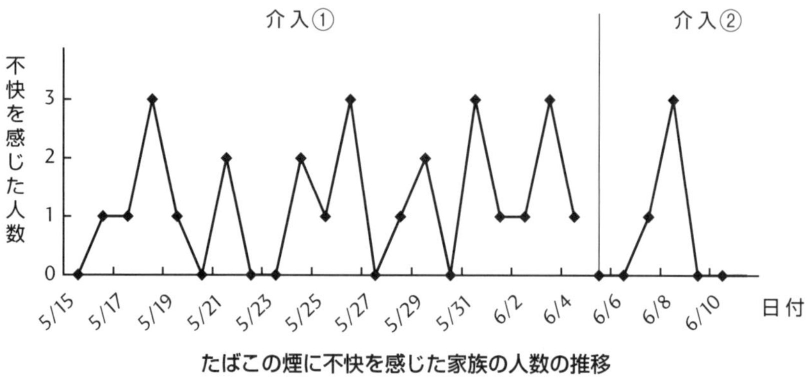

たばこの煙に不快を感じた家族の人数の推移

5）考察

口頭で注意するだけでは、あまり換気扇の下での喫煙行動は維持しませんでした。しかし、換気扇以外の場所で喫煙すると家族のデザートを買いにコンビニに行くというペナルティを科した結果行動が改善しました。これは、コンビニに買い物に行くことが、父親にとって非常に嫌悪的だったので、それを回避するための換気扇でたばこを吸う行動が強化されたと考えられます。

効果的なパフォーマンスマネージメントによる随伴性

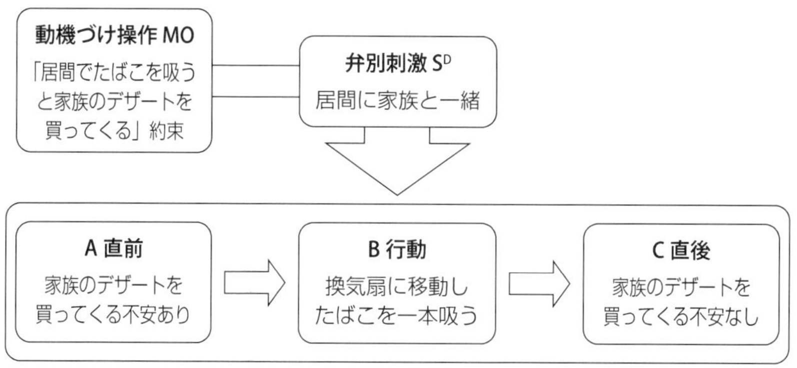

行動ダイアグラム

セルフマネージメントやパフォーマンスマネージメントを邪魔するものとして「先延ばし」があります。「後でやろう」とか「来週にしよう」と思っているとあっという間に時間が過ぎて達成できずに終わってしまうことがあります。「先延ばし」を防ぐ工夫として、目標に締め切りをつける（島宗，2000）とよいでしょう。

締め切りのない目標とある目標

締め切りのない目標	締め切りのある目標
レポートを仕上げる	6月4日までにレポートを提出する
腹筋を50回する	毎日、夜11時までに腹筋を50回する

ある行動が、望ましいか望ましくないかを判断するのは、時として難しいことかもしれません。おそらくそれらの判断基準は、文化や宗教などさまざまな要因に影響されるものであろうと思います。ここではマロットのQOL（生活の質）テストに従って、望ましい行動かどうかの判断をすることにしましょう。

QOL（生活の質）テスト： その行動は、その人あるいは地域社会の人の生活の質に良い影響をもたらす結果（あるいは集積された結果）を伴いますか？

練習問題 1

実践例「父親のものぐさ行動の改善」における行動目標は、QOL テストを合格しますか？「合格する」あるいは「合格しない」理由は何ですか？

練習問題 2

実践例「父親の喫煙行動の改善」における行動目標は、QOL テストを合格しますか？「合格する」あるいは「合格しない」理由は何ですか？

私の好きな言葉のひとつに蓮沼文三の格言があります。

心が変われば態度が変わる。
態度が変われば習慣が変わる。
習慣が変われば人格が変わる。
人格が変われば運命が変わる。

私はこれをセルフマネージメントやパフォーマンスマネージメントの原則に当てはめて次のようにしてみました。今からあなたも、これを応用して人生を変える取り組みを始めませんか？

思いが変われば行動が変わる。
行動が変われば習慣が変わる。
習慣が変われば人格が変わる。
人格が変われば人生が変わる。

9章
＋不安や恐怖へのアプローチ＋

1. 不安や恐怖とは何か？

私たちは、ある特別な状況に置かれたときに不安や恐怖を感じることがあります。不安や恐怖を感じる対象やその程度は、人によって異なります。不安や恐怖の閾値が低い人は、ちょっとしたことですぐに不安になります。このような人は不安神経症や恐怖症になりやすい人です。普通の人でも、強烈な恐怖体験（戦闘場面に遭遇するなど）をしたり、長時間にわたって不安にさらされたりした場合（長期間、虐待を受けるなど）にPTSD（心的外傷後ストレス障害）といった症状になってしまうこともあります。

設問1 どんなときに不安や恐怖を感じやすいですか？

・車にひかれそうになったとき
・飛行機の離着陸時、エアポケットに入ったとき
・高いところに登ったとき
・くも、ゴキブリ、へび、ねずみなどを見たとき
・病原菌やウィルス性疾患の流行
・大勢の人の前で話をした、授業で当てられたとき
・誰かに非難されたとき
・ホラー映画やバイオレンス映画を見たとき
・レポートの締め切り直前、試験の前のとき
・親しい人が大病や大怪我を負ったとき
・その他

このように不安や恐怖を引き起こす刺激（嫌子）はさまざまですが、不安刺

激や恐怖刺激に対してある一定の反応（行動）が起こります。その主なものは、❶生理反応、❷言語反応、❸運動反応の３つです。

3つの反応の具体例

❶生理反応：発汗、心拍数の増加、皮膚血管の血行、胃や胸の圧迫感、体の震えなど
❷言語反応：「こわい」「不安だ」などと思う、叫ぶなど
❸運動反応：逃避行動（不安となる刺激から逃れる）、回避行動（不安刺激を避ける）

このうち、❶はレスポンデント行動、❷と❸はオペラント行動と呼ばれるものです。

オペラント行動とレスポンデント行動の違い

行動	違い	具体例
オペラント行動	行動は自発され、結果によって影響を受ける	骨格筋による運動：走る、ボールを投げる、調理するなど
		言語行動：話す、日記を付けるなど
		思考
レスポンデント行動	先行する刺激によって自然に誘発する	腺の働き（唾液、発汗、涙腺）
		心拍、血圧
		瞳孔の収縮、瞬き
		情動の変化

2．不安や恐怖とレスポンデント学習

これまで主に取り扱ってきた行動は、オペラント行動です。不安や恐怖といった情動反応には、もう一方のレスポンデント行動も関わっていますのでその説明をします。１章でも紹介しましたが、レスポンデント学習を発見した人は、

ロシアの生理学者でパブロフという人です。パブロフは、犬の消化腺の研究を行って膨大な研究成果を残し、ノーベル賞も受賞しています。パブロフがレスポンデント学習を発見したきっかけは、エサ係の助手が、エサを持たずに近づくだけで犬が唾液を出すようになり、他の人が近づいても唾液は出さなかったという事実を発見したことでした。

レスポンデント学習のメカニズム：

なぜ、助手が近づいたり、白衣を着た人が接近したりしただけで犬の唾液がでるようになるのか？

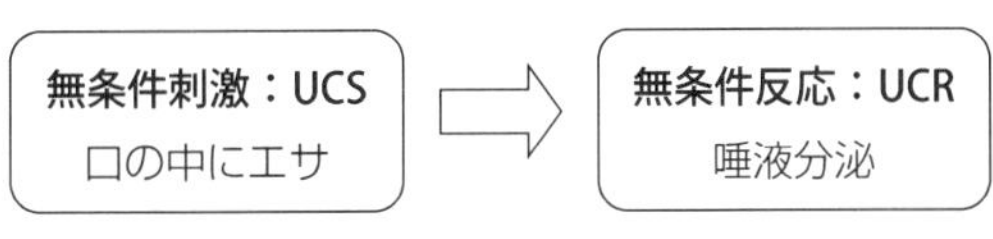

無条件反応のダイアグラム

まず、口の中にエサがあると自然に唾液が分泌されます。この場合、エサは無条件刺激：UCS（unconditioned stimulus）と言い、唾液分泌は、無条件反応：UCR（unconditioned response）と言います。

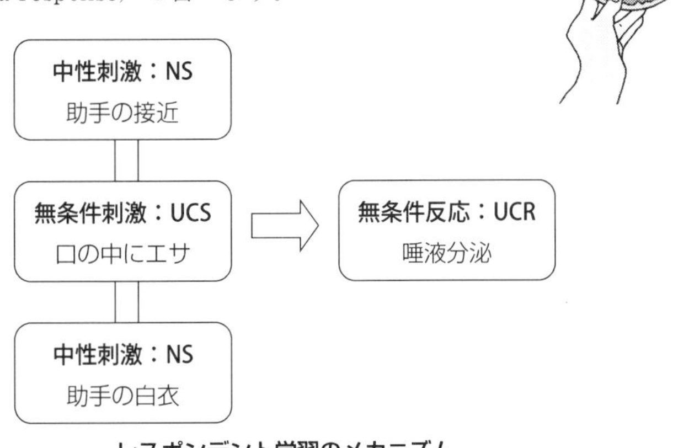

レスポンデント学習のメカニズム

実際にエサが犬の口に入る前には、さまざまな刺激が随伴され、エサをあげる度に何度もそれが繰り返されます。助手の接近や白衣は、最初、単独で提示されても唾液分泌を誘発しないので、中性刺激：NS（neutral stimulus）と言います。

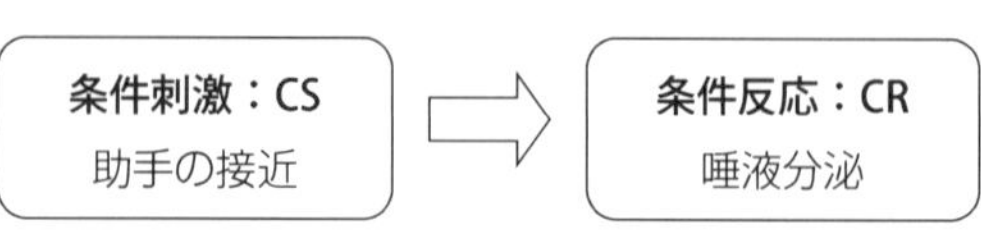

レスポンデント行動のダイアグラム

そのうち、エサを持ってこなくても助手が近づいただけで、あるいは白衣が見えただけで、唾液が分泌されるようになります。これが、パブロフの条件反射、レスポンデント学習と呼ばれる現象です。最初、中性刺激だった助手の接近は、唾液分泌を誘発するようになったので条件刺激：CS（conditioned stimulus）と言い、唾液分泌を条件反応：CR（conditioned response）と言います。

3．不安や恐怖とオペラント要素

不安や恐怖には、レスポンデント行動とオペラント行動の両方の要素が含まれています。不安や恐怖は嫌なものと思われがちですが、我々が生きる上で必要不可欠な事柄なのです。それについて、不安や恐怖のオペラント要素（逃避行動）に基づいて説明してみましょう。たとえば、へびを怖がる人の行動についての行動随伴性を考えてみましょう。

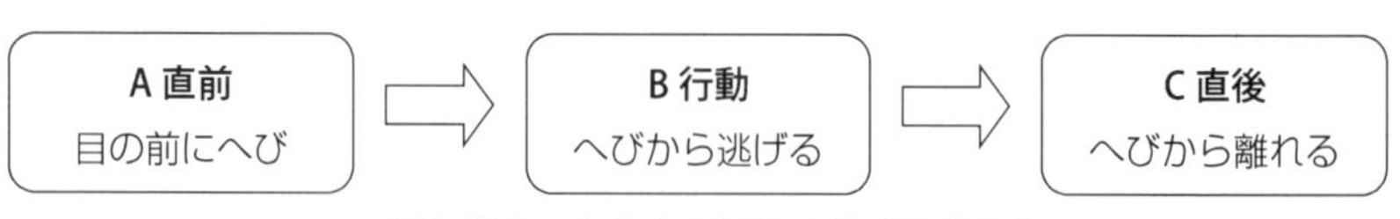

へびと出合ったときの行動のダイアグラム

へびが怖いということは、へびが嫌子として機能しているということです。そこで、「へびから逃げる」行動は、嫌子の除去によって強化されます。一見、臆病な人間だと思われるかもしれませんが、自然淘汰の原則で考えてみると、へびを見て逃げる人は、毒へびに噛まれる危険が減り生き残る確率が高くなります。つまり、「へびを見て逃げる」行動レパートリーを持つ（へび恐怖）人の遺伝的資質は生き残る確率が高いでしょう。多くの人が、へびを好まないのはそのためかもしれません（大蛇を首に巻きつけたり、ペットとして飼っていたりする人もいるので、これはあくまでも仮説に過ぎません）。

また、車を高速で運転していてカーブにさしかかると、ハンドルを取られて怖くなりアクセルを緩めブレーキを踏んでスピードを落とすと思います。

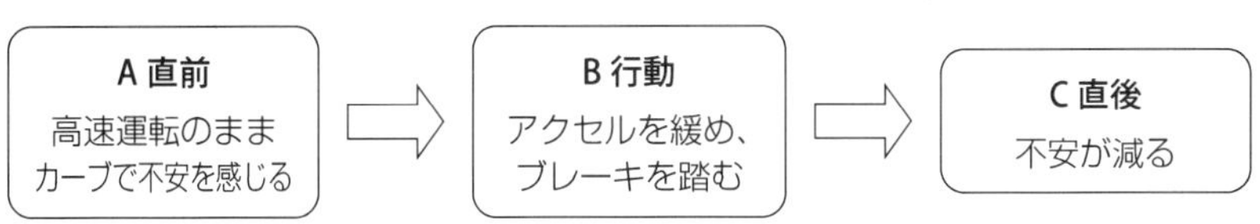

高速でカーブを曲がるときの行動のダイアグラム

カーブで高速運転することが怖いということは、カーブでの高速運転が嫌子として機能しているということです。「アクセルを緩め、ブレーキを踏む」行動は、嫌子の除去によって強化されます。カーブでスピードを出し過ぎたときに怖いと感じる人は、将来的に事故に遭う危険が少なく、生き残る確率が高いはずです。このように不安や恐怖は、我々の身の安全を守るために身体に備えられたメカニズムといえるでしょう。

4．恐怖症とは？

通常の不安や恐怖は、身の安全を守るものだというお話をしました。しかし、危険でない刺激に不安や恐怖を感じる（恐怖症）のはなぜなのでしょうか？ここでは、恐怖症の中でも症状が深刻なPTSD（心的外傷後ストレス障害）について取り上げます。戦闘、テロ、自然災害、自動車事故など重大な危険を体験したり、目撃したりした人が、悪夢に悩まされたり、目の前で起こっているように感じたり（フラッシュバック）、苦痛を感じたりして、それに関連する場面や会話、思考を避けるといった症状に陥り、日常生活が困難になるといったことが３ヶ月以上続く状態をPTSDと言います（APA, 2000）。イラクで人質になって解放された日本人もPTSDと診断されたことは記憶に新しいと思います。PTSDの発生プロセスは主に以下の４段階に分かれます（Spates, 2003）。

PTSD4つの発生プロセス

❶自律神経系のプロセス
❷中枢神経系のプロセス
❸レスポンデント学習
❹オペラント学習

❶自律神経系のプロセス

自律神経は、私たちの意思とは関係なく、呼吸器系、循環器系を機能させたり、消化や汗腺などによる水分や熱の代謝など生命を維持させたりする働きを持っています。危険な刺激に対する自律神経系のプロセスは、ａ）警告期、ｂ）抵抗期、ｃ）消耗期の３段階に分かれます。

ａ）警告期：危険が迫るとノルアドレナリンが放出され、交感神経が活性化します。交感神経が機能すると胃腸系の血流が減少し、脳や筋肉系に血流が増加して身体が緊張状態に置かれます。ｂ）抵抗期：危険が去るとアドレナリンが放出されて副交感神経が活性化され、身体がリラックス状態になります。ｃ）消耗期：危険がある程度長く続くと抵抗期に移行することができずに、慢性の緊張状態を招くことになります。

❷中枢神経系のプロセス

緊張状態が続いたときに大脳をはじめとする中枢神経系でもさまざまな変化が生じます。まず、危険に備えてａ）大脳の感情中枢、小脳扁桃の活動が活発化します。次にｂ）前辺脳回という言語機能をつかさどる部分の活動が弱まります。また長時間危険刺激にさらされ続けることでc）慢性ストレス下の神経科学物質が神経を破壊し、海馬が収縮します。この一連のプロセスにより中枢神経系にダメージが与えられ、冷静で論理的、客観的な判断が難しくなるのです。

❸レスポンデント学習

このような状態の下では、恐怖反応を引き起こす危険刺激に対するレスポンデント学習が生じやすくなります。ここでは、自動車事故に遭った人の例で考えてみましょう。自動車事故における危険刺激は、自動車の衝突や衝撃、破壊音、外傷といったものであるでしょう。それに対する恐怖反応は無条件反応であり、これ自体は恐怖症でも何でもありません。

自動車事故にあって重傷を負った人の恐怖刺激と恐怖反応

無条件刺激：UCS 危険刺激： 自動車の衝突	⇨	**無条件反応：UCR** 恐怖反応

自動車事故に遭って重傷を負った人の恐怖刺激と恐怖反応

しかし、事故の際には周囲の環境の中にさまざまな中性刺激（交差点、運転していた車など）が存在し、危険刺激（自動車の追突、衝撃、破壊音、外傷など）と随伴されます。

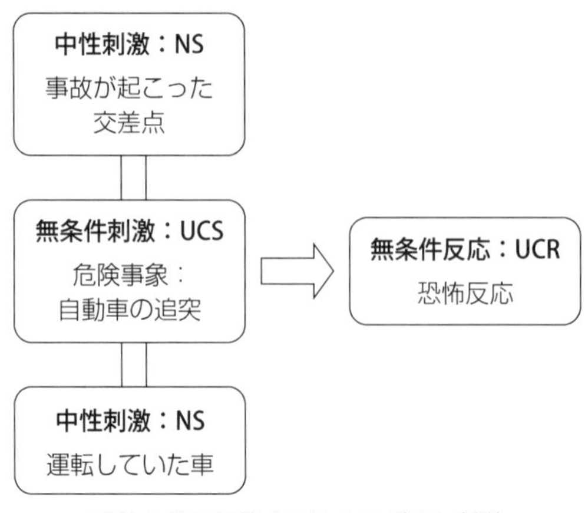

事故の際に随伴されるさまざまな刺激

非常に危険な出来事や嫌悪刺激の場合、たった1回の随伴でレスポンデント学習が起こると言われています。この場合、事故が起こった交差点や運転していた車は条件刺激、条件刺激に対する恐怖反応を条件反応と言います。

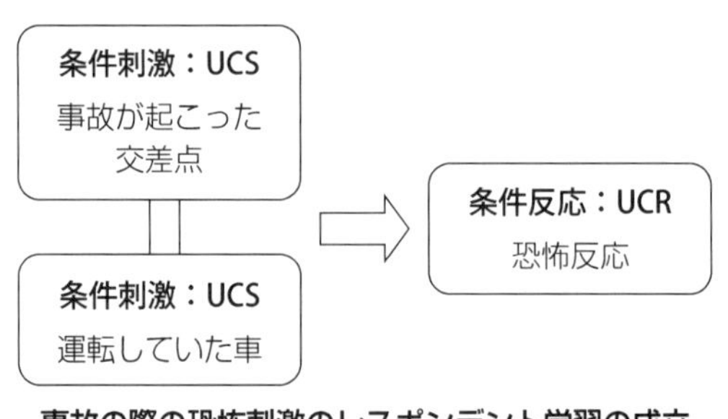

事故の際の恐怖刺激のレスポンデント学習の成立

さらに恐怖の条件刺激である「交差点」や「車」に似たような刺激に対しても、恐怖反応が生じるようになることがあります。これを刺激の般化と言い、本来危険でない刺激に対して恐怖反応が生じるようになります。これが恐怖症と呼ばれる症状の1番目のものです。大きな自動車事故を起こした人が、事故現場に行くと足がすくんだり、体が震えてしまったりするのはそのためです。

❹オペラント学習

恐怖症の２番目の症状は、オペラント学習に関連するものです。恐怖刺激として学習されたさまざまな条件刺激から回避する行動が、嫌子（恐怖）がなくなることで強化されます。

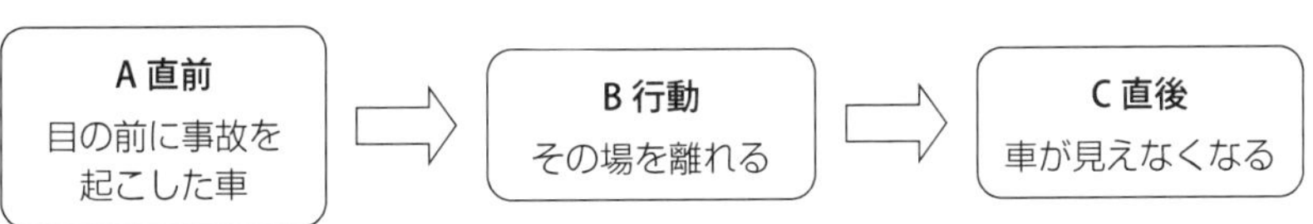

事故刺激として学習された刺激からの回避反応の強化

恐怖症では､本来危険でないさまざまな刺激に対して回避行動を行うので、日常生活に不都合が生じてしまいます。

５．恐怖症の行動療法

恐怖症を治療するには、恐怖刺激のレスポンデント学習を解除する必要があります。そのためにさまざまな方法がありますが、不安や恐怖と拮抗する反応（リラックス反応）を学習しておくと、いろいろな治療プログラムに応用できます。

１）不安や恐怖と拮抗する反応の学習

学習できるリラックス反応としては以下のようなものがあります。まずは、このようなリラックス反応を意識的に引き起こせるように繰り返し練習をします。

ａ）筋緊張と弛緩の学習：弛緩状態のリラクゼーション

b）温感のイメージ学習
c）リラックス場面のイメージ学習

ここでは、この中でも筋弛緩の訓練について紹介しましょう。通常、不安や緊張があるとき、身体は筋肉の緊張を伴っています。逆に、筋肉を弛緩させると意図的にリラックスした状態を作ることができます。条件付けられた不安刺激とリラックス反応を結び付けることで、不安反応を解除することができます。これを逆制止の原理と言い行動療法のパイオニアのひとりウォルピが開発しました。温感の利用も同じ原理で、身体を温めるとリラックスします。温泉が人気なのは人々がリラックスと癒しを求めているからでしょう。その他のリラックス法も含めて、意図的にリラックスした状態を作ることができればいいわけです。筋弛緩の訓練には、さまざまなバリエーションがありますが、簡単にできる方法（Cautela & Groden，1978）を紹介します。

❶頭の中で「私は落ち着いている」と繰り返し唱えます
❷両手をぎゅっと握って５つ数えます
❸そして力を緩め 10 数えます
❹ゆっくりと鼻から息を吸って
❺ゆっくりと口から息をはきます
❻肩に力を入れて５つ数えます
❼肩の力を緩めて 10 数えます
❽つま先に力を入れて５つ数えます
❾つま先の力を緩めて 10 数えます
❿ゆっくりと鼻から息を吸って
⓫ゆっくりと口から息をはきます
⓬そして頭の中で「私は落ち着きました」と唱えリラックス状態をイメージします

筋肉の力を入れて緩めると、身体の中にふわっとした感覚が広がっていくと思います。これがリラックス状態です。

2）不安事態の再挑戦

不安や恐怖の刺激が大きく、長く持続するほど恐怖症が生じやすくなります。そこで、中性刺激が恐怖反応を誘発するような学習をされる前に、中性刺激と恐怖反応を結び付けないようにします。まず①不安反応を早く消すように緊張弛緩訓練を行います。次に②恐怖反応の学習が生じる前に中性刺激と接するようにします（ヘネンホッファー&ハイル, 1993）。たとえば、交通事故のあとは、できるだけ早く事故現場に行きます。そして何度も平気で事故現場を通り過ぎることができるようにします。

3）系統的脱感作

これは、不安や恐怖を一度に克服するのではなく小さなステップに分けて徐々になくしてゆく方法です。①筋弛緩の訓練、②不安階層表の作成、③筋弛緩反応と不安項目の随伴提示の３つのステップがあります。

不安階層表は、不安や恐怖の対象となるさまざまな刺激を不安の強度に従って順番に並べたものです。まず、不安となるすべての刺激や対象をリストアップします。次に、不安となる刺激項目の中で最も不安を起こさせる刺激を100とし、不安を感じない刺激を０とします。リストアップしたすべての項目に点数をつけてゆきます。そして、点数の高い順に項目を配列します。このような配列の仕方をSUD（subjective unit of disturbance）と言います。表９－１は、ある先生の授業になると不安を感じ、うまく発表ができず、授業への出席が苦痛になった高校生の不安階層表の例です（園山, 2001）。

表9－1　不安階層表の例

段階	場　　面	SUD
1	通常の前向きの席順で、自分の席に座ったままで発表する。	10
2	円形になった席順で、自分の席に座ったままで発表する。	20
3	教員の職員室に友だちと一緒に質問を尋ねに行く。	30
4	通常の席順で、自分の席で立って発表する。	40
5	教員の職員室に1人で質問を尋ねに行く。	50
6	授業後、前に出て、教員に質問を尋ねる。	60
7	前に出て、友だちが2人最前列にいて10人の生徒の前で発表する。	70
8	前に出て、10人の生徒の前で発表する。	80
9	前に出て、40人の生徒の前で発表する。	90
10	前に出て、100人の生徒の前で発表する。	100

不安階層表ができたら、筋弛緩反応と不安刺激を順次随伴提示します。まず、筋弛緩を行いリラックスします。次に、不安の強度の弱い（1）から順番に場面をイメージします。不安反応が現われたら、その段階でイメージを中止し筋弛緩を行います。この手続きを数回繰り返し不安がなくなると、次の段階に進みます。段階が大きすぎてどうしても不安反応が消えない場合は、階層表を見直して間に一段階入れるようにします。一度の練習時間は、30分から1時間くらいであまり長く取らないようにします。次の日は、最初から繰り返します。すべての項目に不安を感じなくなったら治療は終了です。

上記の方法は、イメージにより脱感作を行いますが、現実場面で脱感作を行う方法を現実脱感作と言います。たとえば、不登校の子どもに、自宅の玄関、100m先、200m先、･･･、校門、下駄箱、教室の入り口、1限目、2限目、･･･、下校時と段階的に登校を進めてゆく方法があります。

4）予期不安の克服

初めての人や知らない人に会うときドキドキする。試験や試合などの前に緊張や不安が強くなる。就職の面接を受ける、講演を行うといった重要な出来事の前になると何日も前から不安で眠れない。こういう悩みを持つ人は、不安が強すぎて普段の力を発揮できなかったり、重要な約束を避けたりして成功のチャンスを逃しています。予期不安を克服するためには、まず大事な約束や用事の前に不安にかられる日は、筋弛緩訓練を行います。弛緩するときは、静かで気持ちを落ち着かせることができる場所で行います。次に、不安に思う場面をイメージします。イメージする場面は、緊張の低い場面から徐々に高い場面に移行するようにします。不安を感じ始めたら、筋弛緩訓練を行います。そしてイメージを繰り返します（ヘネンホッファー&ハイル，1993）。

5）対人・社会不安の克服

対人不安とは、他人からの評価や評判を気にし過ぎて、他人から拒絶されたり、批判されたり、認められないことへの恐怖が該当します。こういう傾向のある人は、言いたいことがあるのに自分の意見をはっきり言えなかったり、感情を押し殺してしまったり、周りに同調してしまうために損をしますし、不要なストレスをためてしまいます。また、その反動としてたまったうっぷんを一気に晴らすようなことがあると大きな社会的損害をこうむることにもなります。それを克服するために以下に示す自己主張訓練が役立ちます（ヘネンホッファー&ハイル，1993）。

❶対人場面で緊張する場面を書き出してリストを作ります。
❷緊張の高い場面から低い場面まで順番に並べます。
❸場面ごとに社会的に適切な自己主張反応を考えます。仲間や家族と一緒に考えると助けになります。
❹各場面について頭でイメージしながら自己主張してみます。
❺できるだけパートナーと一緒に自己主張の練習をします。いなければ、ひとりで鏡の前で練習してみましょう。このときにあまりパターンを決めないようにします。また不安なときに髪をいじる、服をいじるなどの癖を示す人もいますので、パートナーにチェックしてもらいましょう。
❻自信が持てるようになったら実際の場面で試してみます。

6）フラッディングとエクスポージャー

系統的脱感作は、不安や恐怖の強度の弱いものから強いものへと段階的に徐々に取り除く方法ですが、フラッディングは、最も強く不安や恐怖を感じる場面に、直接、長い時間直面させる方法です。この方法の成功の鍵は、予期した不安や恐怖の場面がそれほど怖いものではないことを体験するまで、①回避行動を阻止し、②長期間その場面にさらすことが大切です。本人に大変な苦痛を感じさせ、途中で止めてしまう人が多いという欠点もあります。

そこで先に紹介した不安階層表を利用して、不安の少ない場面から徐々にさらしていく方法が暴露療法とかエクスポージャーと呼ばれる方法です。不安と拮抗する反応で不安を逆制止する方法よりも、直接不安場面にさらす方が不安の解消には有効であるという研究者もいます（Rachman, 1996）。エクスポージャーは、社会問題にもなっている不登校や引きこもりの治療などで効果を発揮しています（小野, 2013）。

恐怖症の治療には、その他EMD/Rなどがありますので、詳しくは、不安や恐怖症に関する行動療法の専門書を参照してください。また、うつ病やPTSDなど重症の不安や恐怖症の場合は、くれぐれも心療内科や精神神経科などの医療機関に相談されることをお勧めします。

練習問題１

次の行動は、レスポンデント行動ですか、オペラント行動ですか？

❶熱い鍋に触って手を引っ込める

❷グランドを走る

❸寒くて体が震える

❹背中を掻く

❺昼ごはんのことを考える

❻美しい景色を見て胸がジーンとする

練習問題２

1995 年の３月に起きた地下鉄サリン事件の被害者は、PTSD などさまざまな後遺症を負っています。ある男性被害者は、事件のあった日比谷線とは別の地下鉄を利用しています。しかしその地下鉄でも息が苦しくなったり頭痛がしたりします。地上の電車でもトンネルに入ると同様の症状がでるそうです。

❶これらの後遺症の発症は、オペラント学習とレスポンデント学習で説明ができますが、この男性の症状の場合、無条件反応 UR あるいは条件反応 CR は何ですか？

❷無条件刺激 US と条件刺激 CS は何ですか？

❸地下鉄だけでなく、地上の電車でも同様の症状が生じるようになったことを何と言いますか？

❹事件のあった日比谷線に乗ることを避けて別の電車に乗る行動を何と言いますか？この行動は、オペラント行動ですか、レスポンデント行動ですか？

❺このような症状を緩和するために応用行動分析では、どのような介入方法が考えられるでしょうか？

10章
＋ 医療・リハビリテーション分野への応用 ＋

応用行動分析は、学校教育、カウンセリング、スポーツのコーチング、企業コンサルティング、医療や福祉、交通安全などの分野でも成果をあげています。この章では、医療・リハビリテーション分野での応用について紹介します。

近年、医療事故、終末医療などの報道から医療のあり方に対する議論が高まっています。その重要な観点のひとつは、医療者は疾患を治すことだけでなく、患者を全人的にとらえることに主眼を置く方向に移っていることです（張替, 1993）。つまり、疾患そのものだけでなく患者のライフスタイルや生育歴・性格・行動様式－行動を分析し、患者が主体的に治療に取り組めるように医療者は支援する立場にまわるのです。特に生活習慣の改善や自己管理が鍵となる糖尿病（張替, 1993；安酸, 2000）、腎不全（西谷・岡山, 2001；玉淵・岡山, 1998）などの治療や病後のリハビリテーション（中島ら, 2004；河合ら, 2006）、理学療法（山崎・長谷川・山本・鈴木, 2001）において、行動分析的アプローチが注目されています。

1. 糖尿病へのアプローチ

糖尿病患者は、血糖値をコントロールして合併症を予防しながら、病気と上手く付き合いながら生活を送ることが理想的です。そのためには、適切な食行動や運動習慣を身に付け自己管理できることが大切になります。ここでは、張替（1993）の事例を紹介します。

1）アセスメント

アセスメントの内容としては、食事の記録、生活活動の記録、体重記録を取ってもらいます。時として記録を取ることは、負担で継続が難しいことがあるので、実行可能な記録の種類を話し合って決めたり、励ましたりすることが大切です。以下にその例を載せます。

食事日記　2月18日

（0：なし　1：少し空腹　2：かなり空腹　3：ひどく空腹）

月/日	時刻	時間	空腹度	食事の種類〔朝、昼、夜、間〕	姿勢（座って立って寝て）	場所	誰と	食べ始めの気分（何かをしながらか）	食事内容（材料まで具体的に）	量（グラムまたは目安量）	食べた後の気分と行動
	8:00 8:10	3分 10分	1	朝食	立って 座って	台所 台所	1人 1人		牛乳 ごはん ほしのり 焼きのり はくさい漬	200ml 1杯 6枚 少し	友人の誘いがあり朝食は簡単にすませ、いそいそ出かけることにした。
	14:10	30分	1	昼食	座って	ベンチ（公園）	友人と	たまの外（ベンチ）での食事も楽しい。カモを見ながら。	おすしの箱詰 のりまき（小）2cm のりまき太巻き3cm おいなりさん（小） あなご（小） しゃけ（小） お茶	 2個 1個 3個 1 1 1缶	満足感
	16:20	20分	0	間食	座って	お店	友人と	友人と話をしながら。	アイスクリーム（小倉）	1個	おしるこはやめ、友人とのつき合いもありアイスクリームにした。
	20:00	20分	1	夕食	座って	台所	1人		大根・人参・しいたけ の煮もの キンピラごぼうの煮つけ ヨーグルト イチゴ（小さいの） お茶	小皿で少し 小皿で少し 1個 10つぶ 2杯	

食事記録

日頃の食習慣を把握するために、いつ、何を、どのくらいの量食べたのかを記録します。できれば、カロリー計算をすることで運動量との比較ができます。適切な食習慣は規則正しい時間に食事を摂り、ゆっくりと食べることが重要です。また就寝時間の前に食事を摂らないようにします（少なくとも2～3時間は空ける）。

少ない食事を4～5回に分けて摂る方法もあります。

生活活動日記　２月18日

時刻	活　動　内　容	時　間	歩　数
4:00			
5:00			
6:00			
7:00	起　床		
8:00	食　事		
9:00	投票に行く	往復15分	
10:00	10：10　家を出る	駅まで15分	
11:00	電車に乗りすごしたりしたので時間がかかった。		
12:00			
13:00	上野着、東照宮近くまで歩く。		
14:00	冬ぼたんを観賞して歩く。次はしのばずの池まで。		
15:00	14：10　昼食、カモを見ながら。		
16:00	湯島の天神様まで歩く。そして梅の観賞。	２時間余	
17:00	京成上野まで戻り歩く。　電車	50分	
18:00	18：30　帰　宅		
19:00	夕食の支度		
20:00	夕　食		
21:00	入　浴		
22:00	テレビ、日記つけ		
23:00	就　寝		
24:00			
1:00			
2:00			
3:00			
			合計 15,685歩

今日のメモ

久し振りのお天気で冬ぼたん、梅の観賞に友人と行き、よく歩いた。疲れはなかった。

食事は朝そこそこにして昼はおすしの箱詰にしたので夕食はやさいの煮ものなどにし、ごはんは炊かなかった。

生活活動記録

運動習慣を把握するため、いつ、どのくらいの運動をしているのか、日頃の活動を記録します。運動量を測ることで消費カロリーの目安を得ます。歩数を計測する万歩計などはスポーツ用品店、健康機器店などで購入できます。

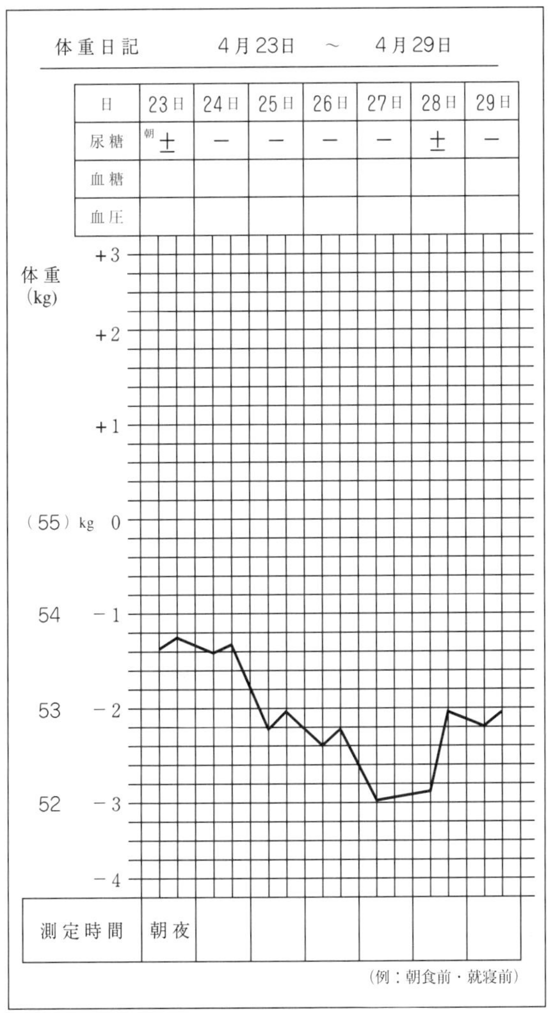

体重記録

体重計はグラム単位で測定できるものをおすすめします。体脂肪率などを測定するなど便利な機能が備わっているものもあります。上記のような記録用紙を体重計の置いてあるところの壁の前に貼り、筆記具もひもでぶら下げて簡便に測定・記録できるようにします。7章のパフォーマンス・フィードバック参照。

週間自己評価表　４月16日～４月22日

〔０点：まったくできず　２点：まずまずできた　〕
〔１点：不十分であった　３点：大変うまくいった〕

目　標　行　動	16日	17日	18日	19日	20日	21日	22日	合計点	%
1．１日１回青野菜、わかめを食べる	1	2	1	3	0	3	1	11	52
2．１日7000歩以上歩く	3	3	3	3	3	3	2	20	95
3．運動を20分やること	1	2	2	1	1	3	2	12	57
4．間食をやめること	3	1	3	3	3	3	2	18	86
5．									
合計点	8	8	9	10	7	12	7	61	
%	67	67	75	83	58	100	58	73	

行動目標記録

2）目標設定

記録から生活上の課題や問題点を明らかにします。早食いや歩数が問題の場合は、目標として「１口20回噛む」とか「１日に7,000歩歩く」など具体的な目標を立てるようにします。場合によっては記録を取ることだけで改善することがあります。

3）食行動や生活習慣の改善のコツ

食行動には、食品の購入、貯蔵、調理・盛り付け、食事、残飯を捨てる、後片付けなど一連の過程があります。この中で一番実行しやすい方法を選ぶと上手くいきます。生活の中に運動を取り入れる場合、特別な運動をはじめるよりも、日常生活の中で自然に活動量を増やす方法が上手くいきます。たとえば、①乗り物に乗るよりも足を使うようにする、②エレベーターやエスカレーターよりも階段を使うようにする、③万歩計やカロリーカウンターなどで活動量を測り記録すると目で効果が確認できるので励みとなります。

目標が達成できたときには、自分自身に「よくやった」と言い聞かして自己強化したり、「来週もがんばるぞ」と自己教示したり、ご褒美を用意したりすることが重要です。

事例

53歳の自営業の男性患者。20歳代から肥満で最大体重は40歳ころ98kgでした。48歳の頃の健康診断で尿糖陽性と告げられましたが放置し、その後視力低下のために受診しました。初診時、身長169.5cm、体重92kg（肥満度47.2%）FBS（空腹時血糖）298mg/dl、HbA_{1C}（ヘモグロビンA_{1C}）11.1%で肥満型糖尿病と診断されました。栄養士から糖尿病と肥満の食事指導を受け、食事と間食の量を減らして4ヶ月で8kg減量し84kgになりましたが、肥満度は34.4%と高い値でした。家庭内には食べ物刺激が多く、家族全員が肥満傾向でした。本人は糖尿病を改善する気は十分で家族も協力的でした。

介入方法

診察の中で、主治医が患者と話し合って日常生活で改善できる習慣を見出して無理のない目標設定を行って徐々に改善を図る方法を取りました。全部で介入はⅠ期からⅣ期まででした。

介入Ⅰ

レベルA	レベルB	レベルC
❶テレビを見ながらの「ながら食べ」をやめる ❷宴会はできるだけ断る ❸おかずは小皿盛りにする	❹時間がある時は散歩する	特になし

3ヵ月後の結果

体重が徐々に減り70kg台になり、FBS226mg/dl、HbA_{1C}9.6%と改善傾向になりました。

介入Ⅱ

レベルA	レベルB	レベルC
❶食べ物を買わない・置かない ❷一日1,200kcalを目標にする	❸30分の散歩を仲間と朝夕に1～2回行う ❹車の使用を控えて歩く	特になし

4ヵ月後の結果

体重は80kgあたりを行ったり戻ったりし、FBS200mg/dl、HbA_{1C} 9％を下回ることがありませんでした。体重と血糖値を是正するために通院治療から入院することになりました。

入院中の介入Ⅲ

レベルA	レベルB	レベルC
特になし	❶食事中に中休みを取り噛む間は箸を置く ❷朝、夕に5,000歩歩く	特になし

3週間の入院による結果

体重75kg、FBS119mg/dl、HbA_{1C}7.3％に改善したので、退院して通院治療を開始しました。

退院後の介入Ⅳ

レベルA	レベルB	レベルC
❶夕食を軽くする ❷おかずは小皿盛りにする ❸味付けを薄くする ❹冷蔵庫を開けないようにする	特になし	特になし

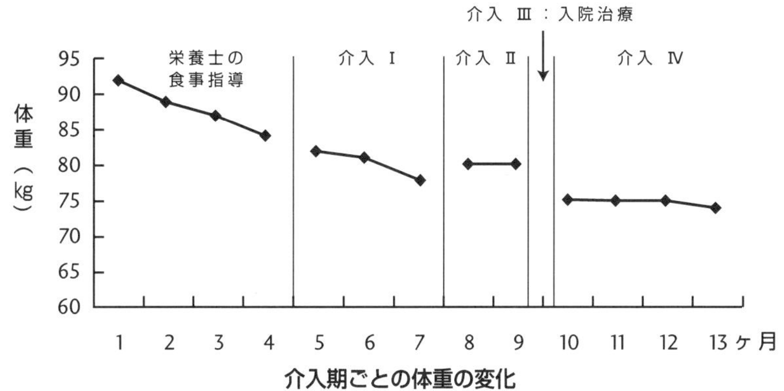

介入期ごとの体重の変化

その後の結果

体重は75kgを維持し、FBS100mg/dl台、HbA1c 6～7％台にコントロールされ改善しました。この場合のように、命に別状がある場合は、入院など強制的な環境調整による介入もやむを得ません。それ以外では、特別な随伴性は付加することなく、目標となるルールの提示と患者への励ましによって改善した例です。

2. 理学療法でのアプローチ

理学療法は、患者にさまざまな運動訓練を課すことによって身体機能の改善や向上を図る療法ですが、身体的、精神的な苦痛を伴うことによって治療の中断や休止が起こり十分な効果をあげられないことがあります。継続的な運動訓練を支援する上で応用行動分析の手法によって効果をあげることができます(山崎・長谷川・山本・鈴木, 2001)。まず、さまざまな訓練が継続しない要因について理論分析してみましょう。

望ましい行動が生起しない要因

❶望ましい行動を弱化する随伴性
❷望ましい行動を邪魔する行動を強化する随伴性
❸望ましい行動を強化するのに効果のない随伴性

❶望ましい行動を弱化する随伴性

弁別刺激 S^D
理学療法室
療法士、機器

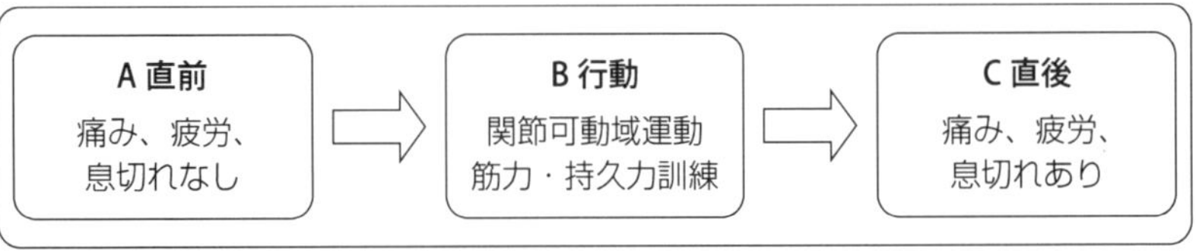

❶の行動ダイアグラム

❷望ましい行動を邪魔する行動を強化する随伴性

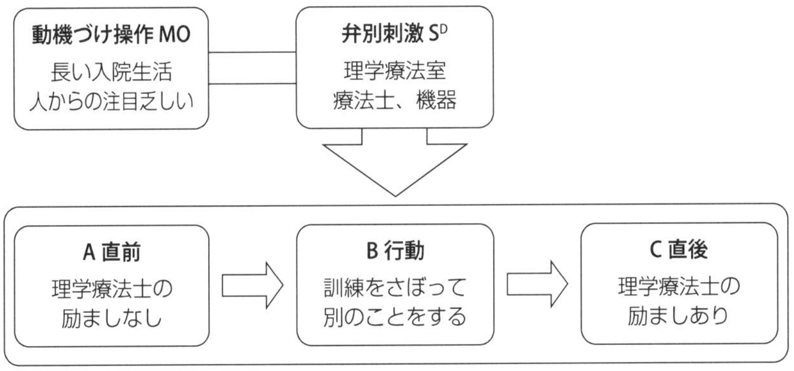

❷の行動ダイアグラム

❸望ましい行動を強化するのに効果のない随伴性

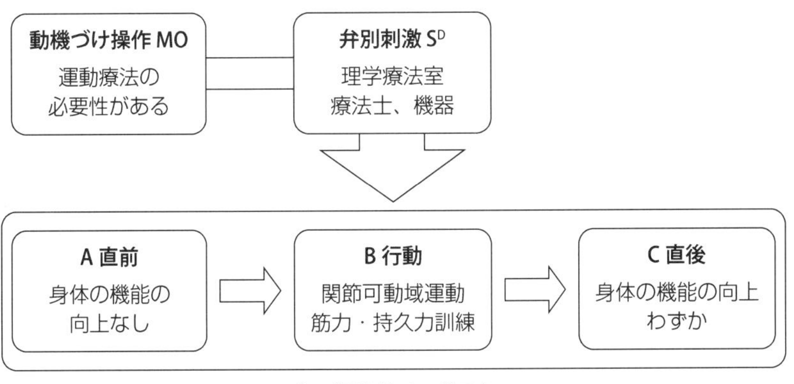

❸の行動ダイアグラム

まず理学療法の訓練の実施によって、身体的な苦痛や疲労感をもたらします。これは、訓練に従事する行動を弱化します。そこで、患者は訓練をさぼって他の事をしようとするわけですが、それに対して医療スタッフは何とか訓練に従事してもらおうと一生懸命励まします。入院生活は非常に退屈なので、人の注目は特に大きな強化の機能を果たすので、無意識のうちにこのような不適切な行動を強化してしまいがちです。また、訓練の効果はすぐにはあらわれないので訓練に従事する行動は十分に強化されません。

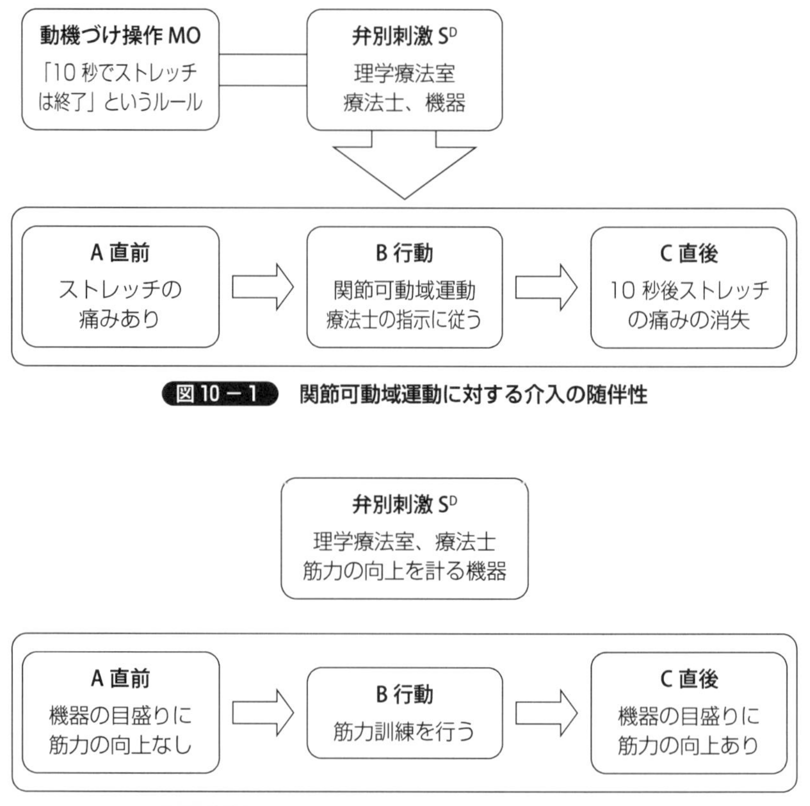

図 10 − 1　関節可動域運動に対する介入の随伴性

図 10 − 2　筋力トレーニングに対する介入の随伴性

そこで、取られた介入方法は、①ルールを提示することで一回の運動がどのくらいで終わるのかについて見通しを持たせてあげること（図 10 − 1）、②わずかな筋力の向上を測定できる機器の導入（図 10 − 2）でした。このような介入法により、患者は理学療法の訓練に従事することができるようになりました。

3．歯科治療を嫌がる子ども

子どもの歯科治療において、治療時の痛みと結びついて学習された恐怖刺激によって回避行動が生じやすいのは言うまでもありません。これが自閉症スペクトラムなどの発達障害を伴う子どもの場合は、さらに治療の困難が予想されます。発達障害の子どもは、状況や文脈を理解して行動するのが苦手ですし、ことばの理解が十分でないために歯科医による治療に関する指示は、通じ難いでしょう。発達障害児の歯科治療に協力的でない行動について理論分析してみましょう。

望ましくない行動が生起する要因

❶望ましくない行動を強化する随伴性
❷望ましくない行動を阻止する行動を弱化する随伴性
❸望ましくない行動を弱化するのに効果のない随伴性

❶望ましくない行動を強化する随伴性

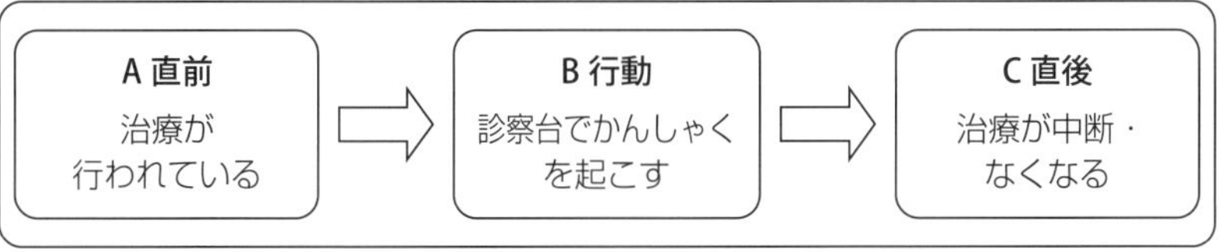

❶の行動ダイアグラム

治療を妨害する行動（かんしゃく）によって嫌子（歯科治療による歯の痛み）の出現が阻止されるので、かんしゃくは強化されます。

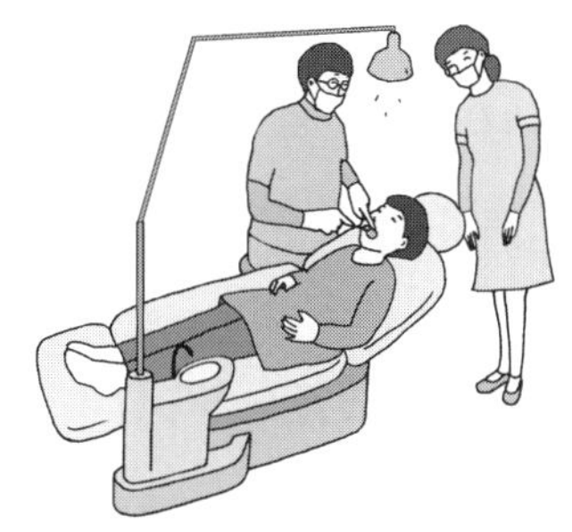

❷望ましくない行動を阻止する行動を弱化する随伴性

❷の行動ダイアグラム

治療を妨害する行動を阻止する行動は、治療に協力的な行動（たとえば診察台で大人しく口を開ける）です。しかし、治療が始まると口内鏡によって診察され、歯を削られたり注射されたりすることによる痛みが生じ、条件性の嫌悪刺激と思われるドリルの音などさまざまな嫌子が生じます。よって大人しく口を開ける行動は弱化されるのです。

❸望ましくない行動を弱化するのに効果のない随伴性

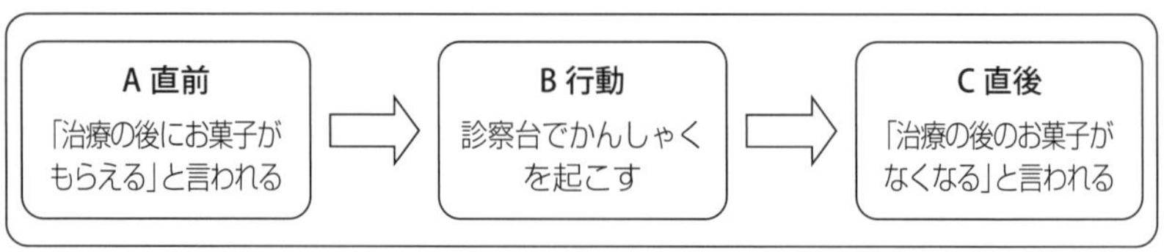

❸の行動ダイアグラム

幼い子どもを歯科治療に協力的にさせるために「後でお菓子買ってあげるから」と言うお母さんも多いと思います。見通しが持てる発達水準にある子どもならば上手くいく場合もあるでしょうが、発達に遅れのある子どもの場合に上手くいかないことがあります。発達に遅れのある子どもの場合は、結果がすぐに提示された方が効果的です。

1）発達障害児への介入（杉山ら，1998）

このような子どもに対して、キース・アレンは、次のような介入法を実施して効果をあげました。①本格的な治療に入る前に練習を行うために、子どもが嫌悪を感じる治療項目をあげました。②それぞれの練習項目に対して治療に耐えられるくらいの短い時間（３秒）を設定して、練習を行いました。その時間に治療に協力的であったら治療をやめて休憩し、妨害行動があったら治療時間を延長しました。その治療時間に耐えられるようになったら徐々に時間を長くして行きました（最終的には30秒)。

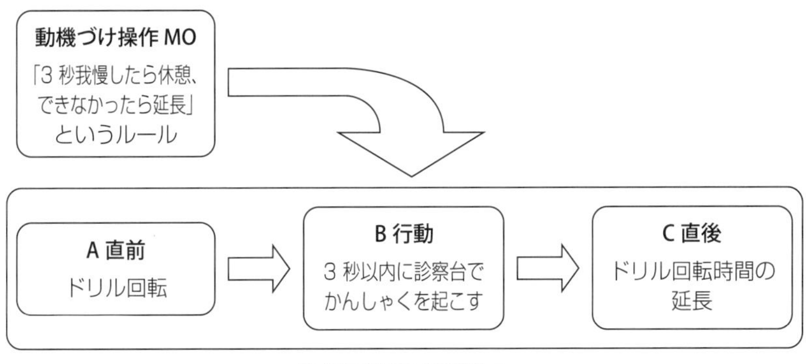

治療の練習の随伴性 I

これは嫌子（ドリルの音）の提示による治療を妨害する行動を弱化する随伴性です。

さらにアレンは、③治療に協力的だったらシールをあげ、ほめるようにしました。治療を妨害する行動をするとシールはあげず、ほめませんでした。その後シールを貯めるとおもちゃと交換できるトークンシステムを導入しました。

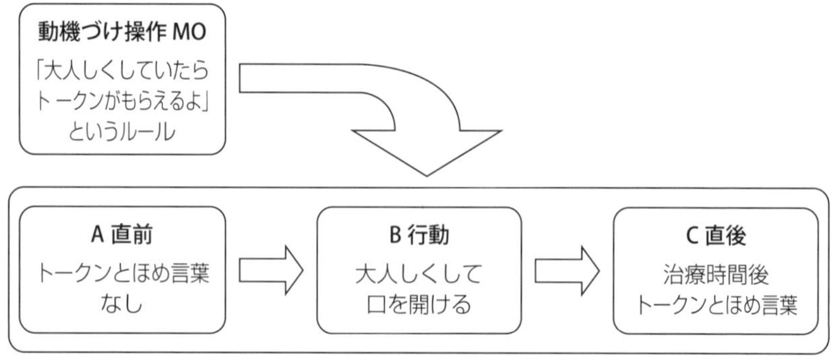

治療の練習の随伴性Ⅱ

治療に協力的な行動（大人しくして口を開ける）をすると好子（トークンとほめ言葉）がもらえるので、大人しくして口を開ける行動は、強化されます。

30 秒間隔の基準を全ての項目で達成したら、治療の前に 1 分ずつそれぞれの項目を練習し、妨害行動が 1 分間で 15 秒以内なら合格としました。全てのテストに合格したら歯科医との治療に入りました。介入の前は、60 分の治療時間中 52 分間、88% の間泣き喚き、暴れ続けました。介入後、妨害的行動は 30% 以下に減少し無事治療を終えられました。

2）自閉症スペクトラム児への介入

自閉症スペクトラム児は、見通しを持てない事柄、新奇の刺激、音、人、場所に対して強い不安を持ちます。治療による直接的な嫌子もさることながら、見通しが持てないことによる不安（予期不安）によって治療を回避してしまう場合が多くあるようです。Backman & Pilebro（1999）は、治療者、場所、治療の手順を視覚的に提示することで、治療に協力的になるような介入を行いました。

事例

スウェーデン、ヴァステルボッテン郡の自閉症ハビリテーションチーム（心理士、教師、ソーシャルワーカー）が担当し、介入群と対照群を１年半後に比較しました。介入群は、16人の知的障害を伴う自閉症スペクトラム児（男児15人、女児１人）で、平均年齢4.8歳（3.3から６歳）でした。11人は歯科クリニックを受診したことがありましたが、大人しく診てもらうことができませんでした。

介入

介入群は、歯科クリニックで同じ設定で同じ治療者に会いました。歯科クリニックに行ってからの治療の手順を示したカラー印刷の冊子を用意し、家庭と歯科クリニックで手順を復習しました。治療の前には、親と治療者が情報を共有し、何かことばで指示するときは、家でも歯科クリニックでも同じことばかけ（「いすに座って」「ライト」「口を大きく開けて」など）を使いました。治療者への治療協力の程度は、協力、不承不承、非協力的の３段階で評価されました。

カラー冊子

歯科クリニックに行くときのステップを示すもので、入り口のドア、待合室、歯科医、歯科助手、処置室、使う予定の器具などを写した写真を使いました。親との話し合いで写真の内容、文字の付加の可否などを決め、治療目的に応じて並べ替えました。冊子に用意された内容は、以下の通りです。

❶治療室へ入る
❷椅子に座る・仰臥する
❸大きく開口・歯を見せる
❹歯磨き
❺歯鏡で診察
❻消息子で診察
❼フッ化物
❽予防歯磨き剤で歯磨き

❾X線撮影

親と治療者の情報共有の内容：全般的な健康、服薬、歯科診療経験、歯磨き習慣、菓子の摂取、恐怖症や特異な点、コミュニケーションの方法、視覚的教示で上手くいったこと、どんなご褒美を与えているかなど。

結果

カラー冊子など治療の手順を視覚的に提示することによって、対照群の子どもと比べてほとんどの介入群の子どもが治療に協力的に参加できるようになりました。このように、歯科医が自閉症スペクトラム障害に対して深い理解を持ち、視覚的に見通しの持てる工夫をすることで治療がスムースに行えることが証明されました。さらに、診察室の環境をできるだけ静かにしたり、予約時間を守ったりすることが、治療への協力を促す要因として大切なことがわかりました。

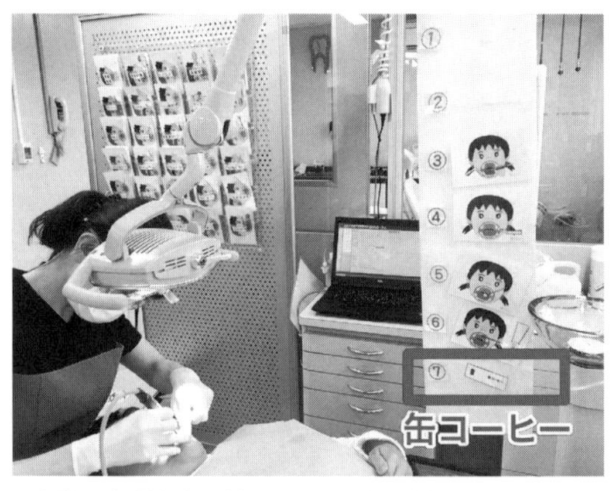

実際の歯科治療で使われている視覚的手がかりの例

練習問題１

医療やリハビリテーションにおいて行動分析学が貢献できるのは、直接の疾患の治療ではありません。どのような部分で貢献できるのでしょうか？

練習問題2

糖尿病などの生活習慣病に対する行動分析的アプローチにおいて、大まかには2つの行動目標を立てると良いですが、それは何ですか？

練習問題3

前記の発達障害児の歯科治療において、治療に協力的でない行動に対してどのような手続きを取っていますか？治療に協力的な行動に対してはどのような手続きを取っていますか？それらは強化ですか弱化ですか？

練習問題4

自閉症スペクトラム児が治療に協力的になるようにするために、一般的にどのような手続きが有効でしょうか？

11章
＋コミュニティや社会問題へのアプローチ＋

新聞やテレビのニュース番組では、毎日世界中のさまざまな事件や事故が報道されています。凶悪な犯罪に関する報道のたびに本当に心が痛む思いです。ショッキングな年少者による犯罪が報道されると、世の中はどうなってしまったのだろうという不安感に襲われるのではないでしょうか。テロや戦争についての報道なども同様の不安をあおります。最後の章では、社会的な問題や道徳について心理学の分野での研究成果、それに対する行動分析学の貢献できる可能性や実践について紹介します。

1．社会問題と道徳

なぜある人は犯罪や反社会的な行動を起こすのかといった問題について考える前に、もっと日常的な反社会的な問題について目を向けてみましょう。凶悪な犯罪を目にすることは非常に稀ですが、たばこを道端に捨てる人、ごみを不法に投棄してあるのを目撃することはよくあります。そのようなことをする人は、道徳心がないとか、思いやりがないとか、人の迷惑を考えない人だと思われています。道徳性の発達についての心理学的研究では、コールバーグの道徳性発達理論（Kohlberg, 1980, 1983）が有名です。コールバーグは、世界中のさまざまな地域での調査研究から、どのような文化や宗教を持っていようとも以下のような普遍的な道徳性の発達パターンがみられることを発見しました。

❶罰を回避するためにルールに従う段階（この場合の罰は、日常語で使われる罰であり、行動分析学で使われる罰とは同義ではないことに注意）
❷非難されることを回避するためにルールに従う段階

❸義務を果たすこと、社会のルールに従うことは、正しい行動であるという信念に基づいて行動する段階
❹道徳的に正しい行為は、普遍的に適用される倫理原則に従った良心の機能とみなされる段階

それぞれ行動的な解釈が可能なようです。道徳の問題について、日常よく観察される道端でのごみの投げ捨てを例に考えてみましょう。

❶罰を回避するためにルールに従う行動随伴性

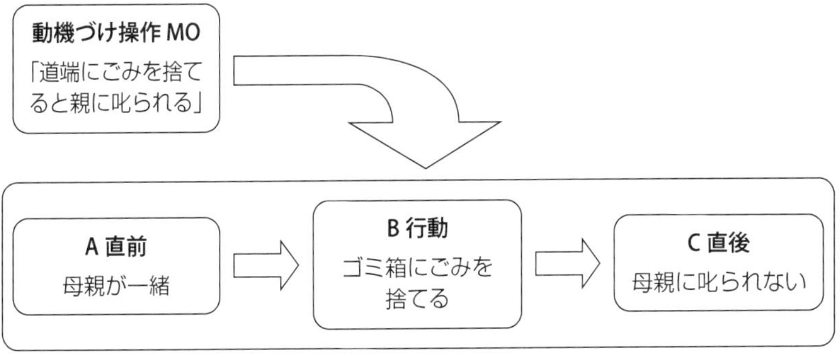

❶の行動ダイアグラム

小さい頃、何か悪いことをしたら親や先生に叱られたり、叩かれたりした経験があると思います。直接的な嫌子（親に怒られる、叩かれる）を回避するためにルールに従うのがこの段階です。

❷非難されることを回避するためにルールに従う行動随伴性

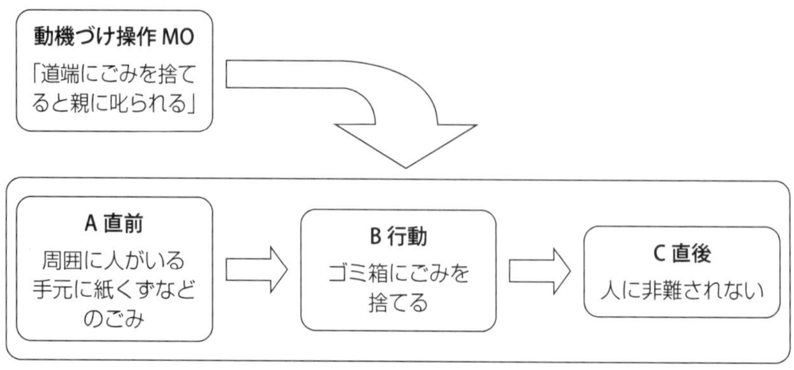

❷の行動ダイアグラム

親や先生から直接叱られたり、叩かれたりはないけれども、周囲に人がいると人の目が気になって悪いことができないというのがこの段階です。つまり、社会的な嫌子（周囲の冷たい視線、非難）を回避するためにルールに従います。

❶❷は、直接人に叱られたり、非難されたりすることでルールに従うのであり、私たちが普通に考える道徳的な行動（神様が見ているよ、お釈迦様が見ているよ…）とは違うように見えます。しかし道徳的な行動が発達する上で、悪い行動に対して何らかの直接的な罰（嫌子）を受ける経験が必要であることを示唆しています。❸や❹のように人が見ていなくても道徳的なルールに従う行動には、どのような行動随伴性が働いているのかを考えるために思考実験をしてみましょう。

設問1 あなたが(a)、(b)、(c)それぞれの場所で、紙くずやたばこを捨てようとする場面を想像してみてください。もしそれを行ったとしたら、どのくらい罪の意識を感じるかを１～５の５段階で評定してみてください。また、なぜそのように感じるのか理由も述べてください。

１：全く平気

２：罪の意識をわずかに感じる

３：罪の意識を感じる

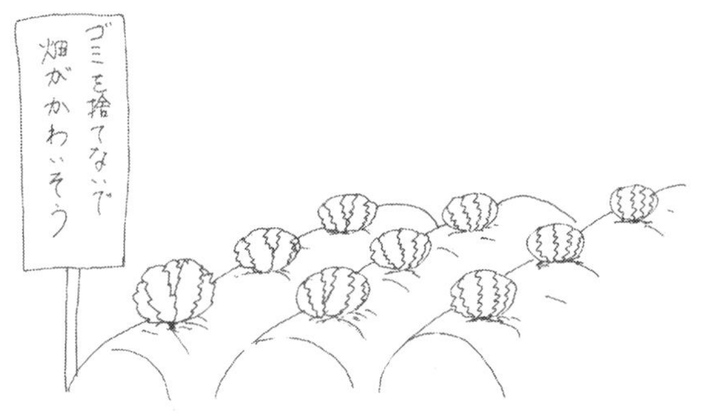

(a) ごみ捨て禁止の立て看板のある畑

(b) 地蔵のある場所

(c) 落書き塀のある道端

4：罪の意識を強く感じる

5：罪の意識を非常に強く感じる

実際に学生にアンケートを取ってみると、落書き塀のある道端でごみを捨てるよりも立て看板や地蔵がある場所でごみを捨てる方が罪の意識を強く感じるようです。それぞれの理由は、以下のようになりました。

(a)の立て看板のある畑では、「書いた畑の持ち主の姿が浮かぶよう」というものがありました。(b)の地蔵のある場所では「罰が当たるから」という答えが多かったです。親がお寺をやっているという学生は「因果応報」という答えをあげました。日本の宗教信者数は、神道系 106,241,598 人、仏教系 95,787,121 人、キリスト教系 1,756,583 人、諸教系 10,242,730 人で、日本人のほとんどが仏教を信じていると考えてよさそうです。ちなみに信者数を合計すると 214,028,032 人となり、総人口の２倍にも達するという奇妙なことになります。ある自治体では、山道での廃棄物の不法投棄に悩まされていましたが、地蔵を設置することで不法投棄が減ったというニュースを聞いたことがあります。

練習問題１

それぞれの場所で自身がごみを捨てる行動の理論分析を行ってみましょう。

a）ごみ捨て禁止の立て看板のある畑でごみを捨てる

b）地蔵のある場所でごみを捨てる

c）落書き塀のある道端でごみを捨てる

人が見ていなくても道徳的なルールに従う行動が発達するには、小さい頃の親や大人からの教育が大きな影響を与えていると言えます。宗教的な教育の影響力も見逃せないものがあるでしょう。また、立て看板のように道徳的なルールを明記した刺激や地蔵のように宗教的なシンボルは、道徳的行動を促進すると考えられます。

2．ご近所のごみ問題の解決 －なぜ人はごみの日を守らないのか？

1）はじめに

地球環境は日増しに悪化し環境問題が叫ばれてすでに久しいですが、ごみ問題は身近な地方行政を悩ます問題でもあります。ごみの量を減らし効率よく処理するための施策として、各自治体ではごみの分別収集が行われています。ごみ出しについては、ごみの種類ごとに曜日や場所が決められています。それなのになぜ､人はこのような簡単な決まり事を守ることができないのでしょうか。ミホは、ごみ出しのルールを守らない人間の行動を取り上げ、「人はなぜごみ出し日を守らないのか？」「適切な行動を生み出す条件は何か？」を応用行動分析に基づいて理解し､改善の方法を考え実施しました｡パフォーマンスマネージメントは、組織や地域の人々の行動を改善するのにも応用できます。大集団の平均値や統計とにらめっこをしても、良い改善策は生まれてきません。顔の見えない集団の行動もひとりひとりの人間の「行動」にスポットを当てて、行動随伴性を分析し、明らかにすることによって改善することができます。

2）行動目標

対象者は、ミホが住むＳ大学専用アパートに住む21名の学生住人でした。行動目標は「火曜日、金曜日の朝８時半までに可燃ごみを出し、それ以外の日や時間帯にごみを出さない。」としました。ごみを出す場所は、アパート前のごみステーションでした｡達成基準は､毎日の下校時に観察し､「ごみステーションにごみが残っていないこと」としました。

3）行動問題の理論分析

我々の心には、良心というものがあると信じられています。ごみ出し日以外の日にごみを出してはいけないということは知っています。ごみ出し日以外の日にごみを出すことに誰もが多少は良心の呵責を感じるはずです。しかし、知っていても実際にはごみを出してしまう人が多いのは、なぜでしょうか？

望ましくない行動が生起する要因

❶望ましくない行動を強化する随伴性
❷望ましくない行動を阻止する行動を弱化する随伴性
❸望ましくない行動を弱化するのに効果のない随伴性

❶望ましくない行動を強化する随伴性

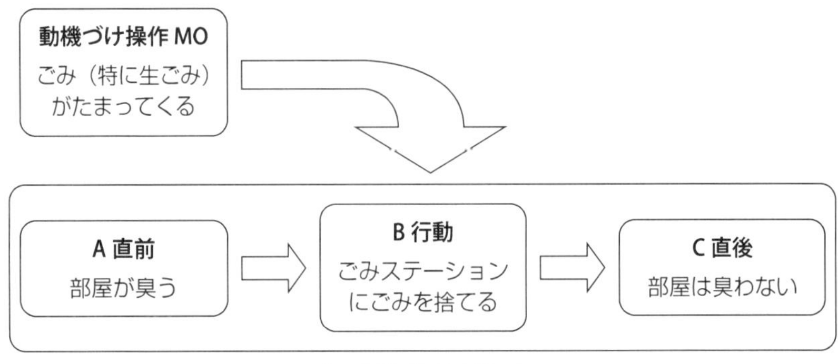

❶の行動ダイアグラム

❷望ましくない行動を阻止する行動を弱化する随伴性

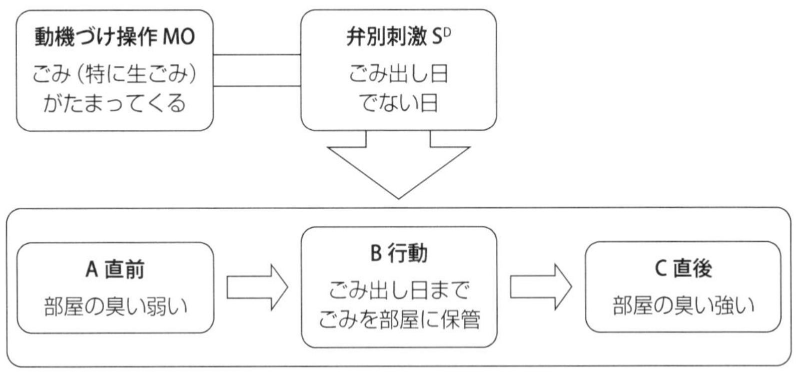

❷の行動ダイアグラム

❸望ましくない行動を弱化するのに効果のない随伴性

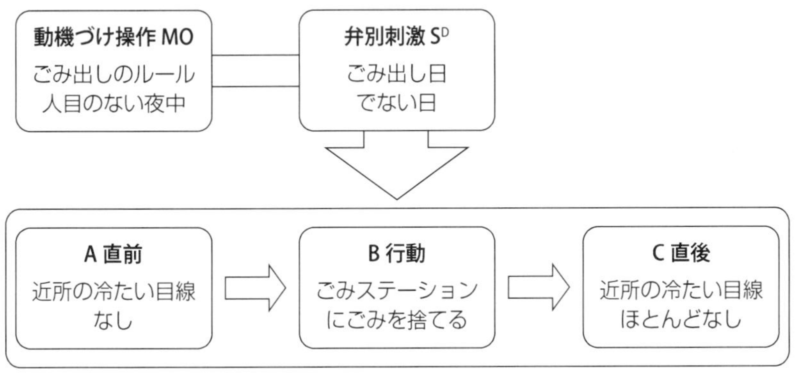

❸の行動ダイアグラム

部屋にごみが溜まると、臭いが出現します。汚れや臭いは、人間にとって強力な嫌子であり、それを取り除く「ごみ捨て行動」は強化されます。また、ごみ出し日まで部屋に保管する行動は、臭いという嫌子によって弱化されてしまうのです。一方、我々は、社会のルールを守らないと良心の呵責を感じます。この良心の呵責は、我々にとって嫌子であり、ごみ出し日以外の日の「ごみ捨て行動」を弱化するはずです。あるいは、ごみ出し日をよく知らないと良心の呵責も感じません。しかしながら、「良心の呵責」による弱化よりも、「臭いを取り除く」強化の方が強く働くので、ごみ出し日以外の日の「ごみ捨て行動」が維持されるものと考えられます。

4）介入方法

理論的分析から、ごみ出し日以外の日にごみを出す行動の原因は、ごみ出し日以外の日に捨てることが「周囲の人たちの迷惑になっている」ことをあまり考えないために、良心の呵責が生じにくく、ごみ出し日以外の日のごみ出し行動が弱化されないためであると仮定しました。

観察を開始してしばらくして、偶然アパートにＫ市からごみの分別と出す曜日についてのパンフレットが配布されました。しかし、それでは十分な改善が見られなかったので、ごみを出してもよい曜日と、そうでない日にごみを出すと周囲が迷惑をこうむることを強調したプリントを各住人の郵便受けに配布しました。プリントの投函に関しては、事前に大家さんに相談し了解を得て行いました。大家さんからの「時間も守って欲しい」という要望も付け加えて、投函を行いました。

レベルA	レベルB	レベルC
介入①ごみの分別内容と出す曜日を記したパンフレットの配布 介入②ごみ出し日を守らないことによる住民の迷惑を記したプリントの配布	特になし	特になし

観察方法として、毎日の下校時にごみステーションにごみが置かれていないかどうかを確認しました。可燃ごみの日は、火曜と金曜の朝８時半までであり、夕方にごみが残っていないことを確認できれば、ごみの日が守られていると考えられます。さらに、介入の効果を比較するために、隣のごみステーション（N店舗前）も一緒に観察を行いました。記録は、アパート前と隣のごみステーション用２種類の記録用紙を用意し、毎日下校時にごみが残っていなければ○、残っていれば×をつけていきました。

5）結果

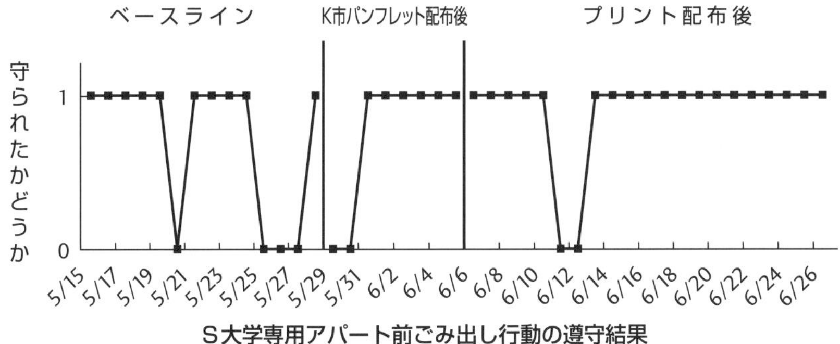

S大学専用アパート前ごみ出し行動の遵守結果

1：ごみ出し行動が守られた場合、0：守られなかった場合

ベースラインでは、ごみの日の前日にごみを出していたり、ごみの日の８時半までに間に合わず、そのまま次のごみの日までずっとごみが残ってしまったりということが起こっていました。K市からごみの出し方のパンフレットの配布があった後は、S大学専用アパート前とN店舗前ごみステーションの両方の観察をしました。パンフレットの配布後、S大学専用アパート前のごみステーションでは、ごみが残っていることが少なくなりました。さらにS大学専用アパートではプリントの配布を行いました。プリント配布後S大学専用アパート前のごみステーションでは、２日のみごみが残っていたが、その後10日以上ごみは残っていませんでした。一方、プリント配布のないN店舗前のごみステーションでは、K市のパンフレット配布から時間が経つにつれて、ごみが残っている日が多くなりました。

6）考察

当初、S大学専用アパート前のごみステーションでは、ごみの日が守られず、ごみが残って周囲に迷惑をかけていました。S大学専用アパート前のごみステーションでは、K市のパンフレット配布があった後は改善を示しましたが、N店舗前のごみステーションの結果を見るとパンフレットの配布だけでは時間の経過と共に効果が薄れていくようです。そして、S大学専用アパートでは、

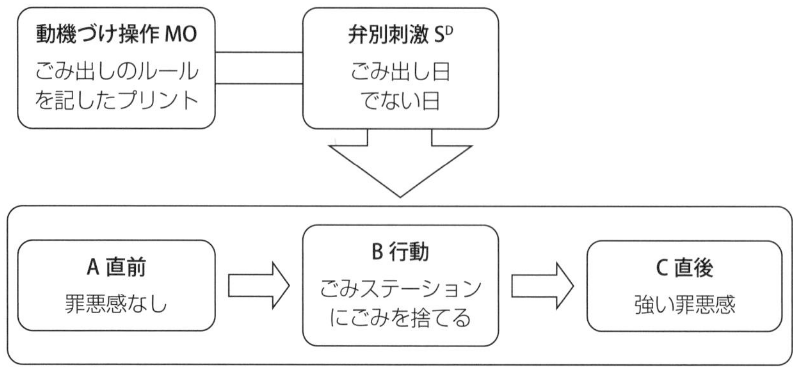

パフォーマンスマネージメントによる嫌子の出現による弱化随伴性

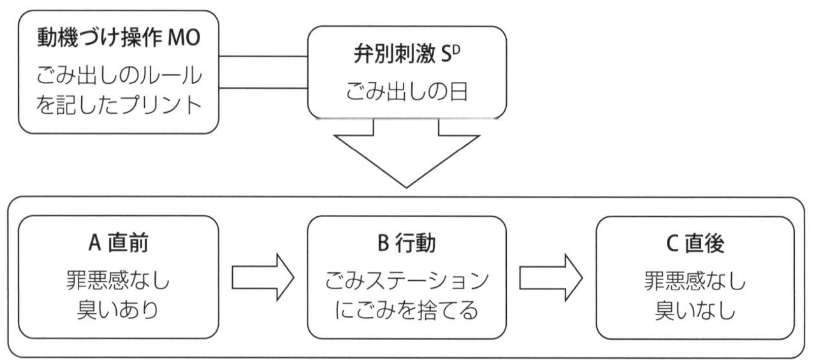

パフォーマンスマネージメントによる嫌子の消失による強化随伴性

さらにプリント配布が行われごみの日を守る行動が維持されました。

明確で分かりやすいプリントを配布することで、ごみ出しのルールやごみの日を守らないと近所迷惑になることを明確に伝えることができました。その結果、ごみ出し日以外の日にごみを出すと罪悪感が生じ行動が弱化されました。また、ごみ出し日を守ることで、気持ち良くごみを出せるので、ごみの日を守る行動が強化されたと考えられます。

K市から配布されたパンフレットは、ごみの出し方について何ページにもわたって丁寧に書かれています。そのため、一目見ただけでは、正しいごみの出し方が伝わりにくく、読む手間がかかります。それに対して、使用したプリントでは１枚の紙に正しいごみ出し日が簡潔明瞭に書かれています。さらに、ごみ出し日を守らないと周囲に迷惑がかかることを伝え、道徳心に訴える工夫を施したことなどが有効性を高めた要因ではないかと思われます。

今回は、プリントを郵便受けに投函するという方法を取りましたが、郵便受けだと他のダイレクトメールと共に捨ててしまい、目に触れない人も出てくることが考えられます。必ず伝える方法を考えるならば、掲示板に載せるなど目に付きやすい方法を考える必要があるでしょう。

燃えるごみの日は
火曜日と**金曜日**
です。
（午前８時30分までに出してください。）
それ以外の日にゴミを出すと、
近所迷惑です。

S大学専用アパートの郵便受けに実際に配布されたプリントの文面

このように地域の問題も行動の問題に翻訳して、改善を図ることができます。その他、地域の問題について行動分析的介入を行った研究としては、松岡ら（2000）や佐藤ら（2001）の点字ブロック上に自転車を駐輪しないようにする介入などがあります。

行動経済学の研究者である Melissa, Bateson, Nettle, & Robert（2006）が、イギリスの大学のオフィスで実践したものです。そのオフィスでは、代金を箱に入れることで、紅茶とコーヒーがセルフサービスで飲めるようになっていました。箱にはそれぞれ値段表が貼ってありましたが、実際の支払い率は低かったのです。そこで、箱の近くに横長の目の写真を貼ることで支払い率が向上しました。

写真は、山口県の岩国駅の近くに放置自転車をなくすためにこのような目の入った看板が置いてありました。実際に周囲には、放置自転車はありませんでした。このような目の入った看板は、効果があるようです。

JR 岩国駅周辺のコーン型サインスタンド

3．行動が変われば、世界が変わる！

他にも世界中で、さまざまな問題が山積しています。地球温暖化も人類が取り組まなければならない大きな課題のひとつです。地球温暖化に影響を与えている活動のひとつに大量生産大量消費といった経済活動があります。これを企業側の生産行動と消費者側の消費行動の観点で理論分析してみましょう。

望ましくない行動が生起する要因

❶望ましくない行動を強化する随伴性
❷望ましくない行動を阻止する行動を弱化する随伴性
❸望ましくない行動を弱化するのに効果のない随伴性

1）企業側の生産行動

❶望ましくない行動を強化する随伴性

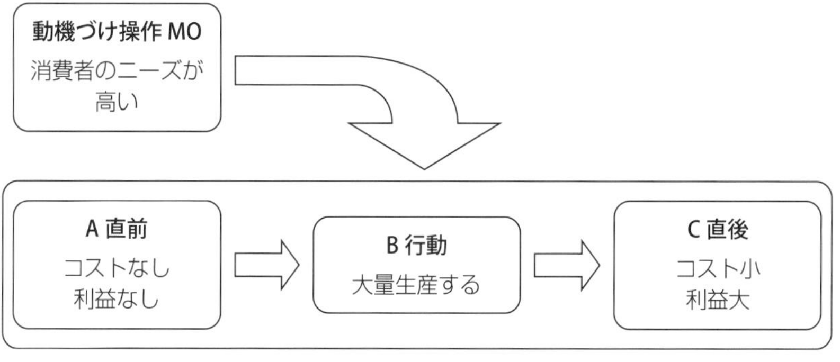

❶の行動ダイアグラム

❷望ましくない行動を阻止する行動を弱化する随伴性

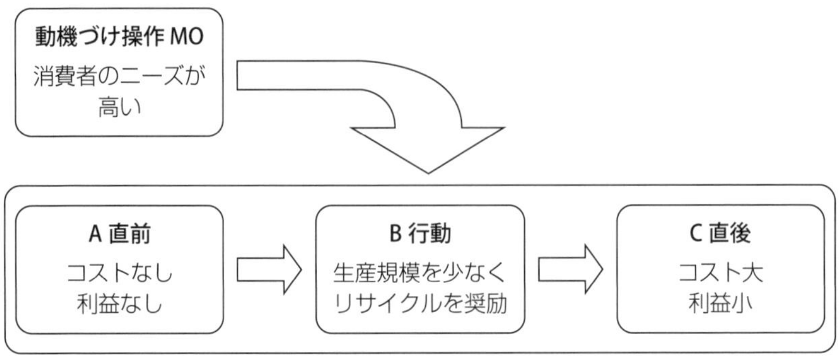

❷の行動ダイアグラム

❸望ましくない行動を弱化するのに効果のない随伴性

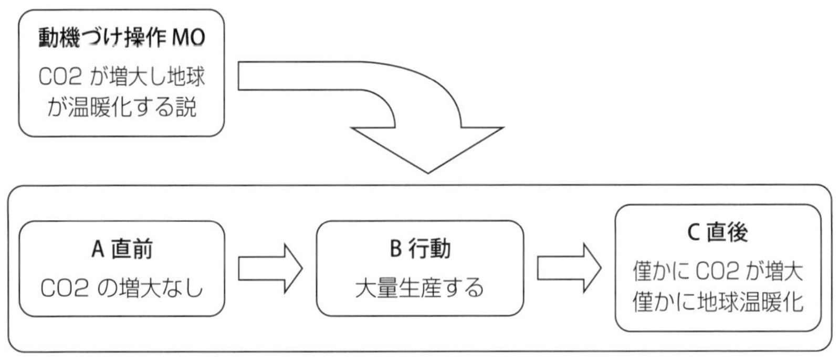

❸の行動ダイアグラム

企業側では大量生産して製品を売れば、コストが少なく安く商品を出せるのでたくさんの利益を得ることができます。これは企業の生産行動を強化します。逆にリサイクルを行い、生産規模を縮小することは、儲けや競争力を失うことにもつながり弱化されます。また、温暖化による目に見える被害が生じるのは、二酸化炭素の蓄積が増大してからなのであまり効果がありません（塵も積もれば山となる型）。

2）消費者側の行動

❶望ましくない行動を強化する随伴性

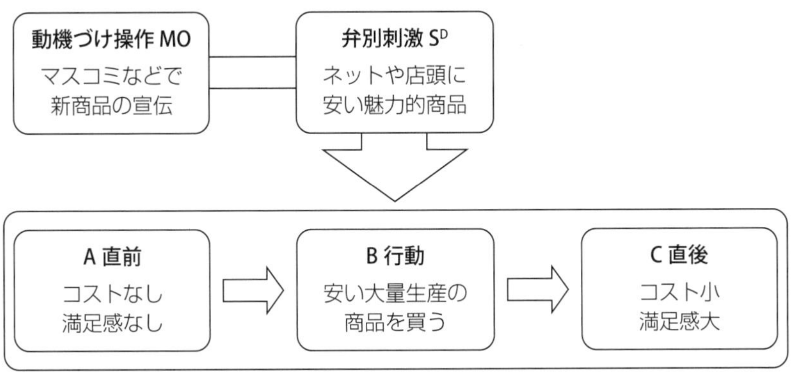

❶の行動ダイアグラム

❷望ましくない行動を阻止する行動を弱化する随伴性

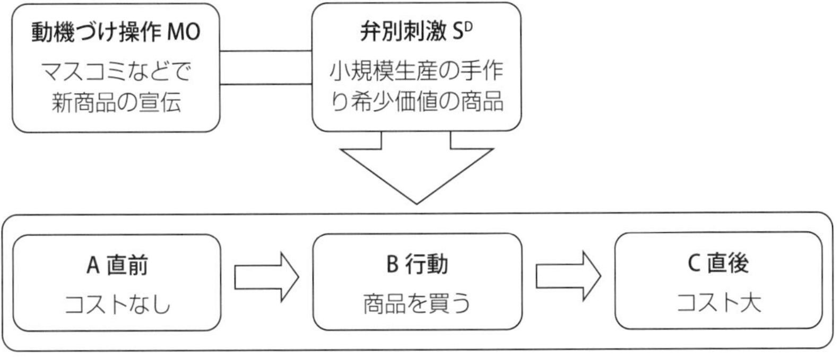

❷の行動ダイアグラム

❸望ましくない行動を弱化するのに効果のない随伴性

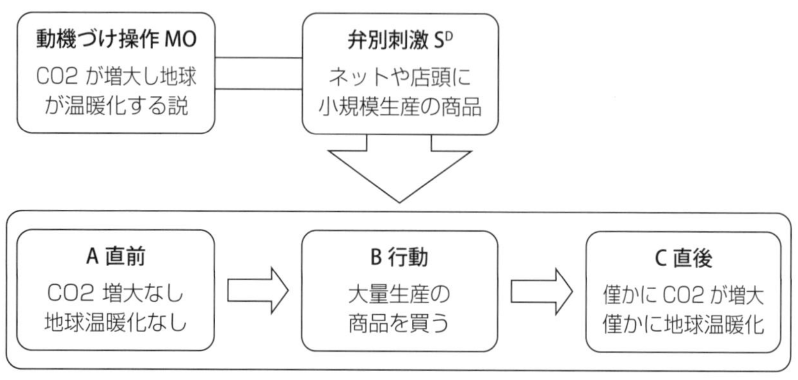

❸の行動ダイアグラム

消費者側も大量生産品は、安く購入でき、便利で満足感を得られるので、強化されます。テレビコマーシャルなどで新製品の宣伝がどんどん行われるとそれを持っていないことが不安をもたらします。そこで古い製品を使い続けることは、弱化されます。また、温暖化による目に見える被害が生じるのは、長期間二酸化炭素が蓄積された後ですから、効果がありません（塵も積もれば山となる型）。

このように企業側、消費者側からの二重の強化随伴性が働いているので、なかなか改善はされないのです。大きな被害が生じて初めて、本気になって問題に取り組むのでしょうか。

８章で紹介した格言は、個人の幸福に関するものでした。

思いが変われば行動が変わる。
行動が変われば習慣が変わる。
習慣が変われば人格が変わる。
人格が変われば人生が変わる。

しかし、応用行動分析の方法論を応用することで、地域社会を変えることができるのです。この格言をさらに発展させると…

あなたの行動が変われば隣人も変わる。
隣人が変われば地域が変わる。
地域が変われば社会が変わる。
社会が変われば国が変わる。
国が変われば世界が変わる。

人類の運命は、ひとりひとりの人間が行動を変えるための取り組みを始めるか否かなのです。これは、2015 年国連サミットで採択された持続可能な開発目標（SDGs）にもつながる考え方です。

練習問題2

文化や伝統における習慣や宗教上の禁忌事項などが生まれた要因などについて、実験や実践で確かめる前に行動分析学の知見や枠組みを基に考察することを何と言いますか？

練習問題3

イスラム教において豚肉食行動の禁止が生まれた要因について、以下の随伴性に沿って行動分析的に考察してみてください。

❶イスラム圏以外の人の「豚肉食行動を強化する随伴性」

❷冷蔵庫のない時代で温暖な気候の下での「豚肉食行動を弱化する随伴性」

❸冷蔵庫のない時代で宗教指導者の「豚肉食行動を禁止する行動を強化する随伴性」

❹イスラム教の信者の「豚肉食行動の禁忌を守る行動を強化する随伴性」

練習問題4

❶さまざまな社会問題の中で関心の高いものを１つ選んで、記述してください（新聞記事、雑誌の記事などがあればそれも添付）。

❷その問題を起こしている行動を１つ選んで、その行動を強化している随伴性を理論分析してみましょう。

❸その社会問題を改善するためにどうすればよいか解決法を考えてみてください（社会問題を解決するための望ましい行動と、その行動を強化するために必要な随伴性を考えてください）。

＋付　録＋

付録１　練習問題の解答

Ⅰ．理論編

１章　行動科学

練習問題１

以下の例はレスポンデント行動ですか？オペラント行動ですか？

❶川の土手を走る：**オペラント行動**

❷熱い鍋に不意に手が触れて手を引っ込める：**レスポンデント行動**

❸目の前に虫が飛んできて目をつぶる：**レスポンデント行動**

❹関取が相手を土俵際に押し込む：**オペラント行動**

❺細かい粉末が飛んできてくしゃみをする：**レスポンデント行動**

❻鼻水が出たのでティッシュペーパーを取ってくる：**オペラント行動**

練習問題２

以下の例はルール支配行動ですか？それとも随伴性形成行動ですか？

❶複数のアラーム時計をベッドから遠くに置くことで、早起き行動を促す

随伴性形成行動

❷「早起きしたら、好きなパンが食べられるよ」と伝えて早起き行動を促す

ルール支配行動

❸賞味期限のある生鮮食材を買うことで調理行動を促す

随伴性形成行動

❹「調理が終わったらおやつを食べるぞ！」と決めて調理をする

ルール支配行動

２章　目標設定

練習問題１

本文を参照

練習問題 2

「クラブを一生懸命がんばる」は、行動を測定できないし、さまざまな行動からなっているので客観的な目標ではありません。たとえば、シュートの精度をあげるならば「シュートが 10 本中 7 本入るようにする」、ドリブルの技を磨くなら「ボールの股通しで足を交互に 20 回以上できるようになる」など客観的に測定できる目標にします。

3章　アセスメントと記録

練習問題 1

カップラーメンの作り方を教えるには、課題分析を行うと良いでしょう。たとえば、以下のような表を作ってアセスメントします（使う道具や設定、対象者の理解力によって細かい内容は変わってきます）。

カップラーメンを作る課題分析の例

行動単位	評価
❶カップラーメンのふたを開ける	
❷ポットから容器の線の所までお湯を注ぐ	
❸ふたを閉める	
❹タイマーの 3 を押す	
❺タイマーの 0 を押す	
❻タイマーの 0 を押す	
❼タイマーのスタートを押す	
❽タイマーが鳴るまで待つ	
❾タイマーが鳴ったらストップを押す	
❿カップラーメンのふたを開けて食べる	

練習問題 2

たとえば、以下のような記録用紙を使って試合ごとのサーブの成功率を測定してみたらいいと思います。

試合	1	2	3	4	5	6	7
成功数	20	22	31	14	26	33	11
失敗数	5	4	4	5	8	6	2
成功率%	80	85	89	74	76	85	85

4章　計画

練習問題 1

タケシさんは、昔ギターを習ったことがありますが、ほとんど弾き方を忘れているということですから、レベル B の行動を教えるという方法を使うといいでしょう。また誰か上級者から教えてもらうなどすれば、すぐに思い出して練習すれば弾けるようになるでしょう。

練習問題 2

ジュンコさんは電源を落とし忘れてしまうということですから、レベル A のわかりやすい行動の手がかりを作るという方法を使うと良いでしょう。

練習問題 3

エリさんは英会話教室の出席に対する動機づけを高めるレベル C の介入を行うと良いと思います。

5章　介入　レベル A

練習問題 1

たとえば、帰る前にポットの電源を落とす、印刷機の電源を落とすといった項目を記したチェックリストを作り、帰る時に一番目にするところに掲示するなどが考えられます。

練習問題 2

シンジさんには、一大決心をして物置を片付け自分だけの書斎を作ることをお勧めします。そうすれば、誰にも邪魔されずに仕事に打ち込める環境を作り出せるでしょう。普段の生活で仕事に集中できれば、余裕もできて週末などに家族サービスの時間も取りやすくなるかもしれません。

レベル B

練習問題 1

本文参照

練習問題 2

お気に入りの曲の楽譜を手に入れてコードを見ながら弾いてみる。コードを忘れていたら、コード表を見て確認する。ゆっくり弾けるようになったら、通常のスピードで練習してみる（流暢さのトレーニング）。自分の演奏の様子をビデオに撮って、課題分析表を使ってチェックしてみる。うまくいかない所を集中的に練習するなど。

レベル C

練習問題 1

エリさんには、どんなに疲れていても英会話教室に行くことを動機づける外的な強力な力が必要です。たとえば英会話教室に行った日は家でビールが飲めるなどの自分へのご褒美を用意するといった自己ルールを作る。あるいは、英会話に行かなかった次の日は同僚にワンコイン 500 円払う罰金制度のようなものを自分に課して、好子の消失を防ぐことによる強化の仕組みを作るなどです。

練習問題 2

サトルさんがお昼休みになるとある決まったコンビニに出かける行動ですが、お目当ての女性が来るか来ないかは、サトルさんがコンビニへ来る頻度に関係なく相手が来るかどうかの時間に影響を受けていますので変動時隔スケジュールと考えられます。

6章　確認と評価

練習問題 1

本文を参照

練習問題 2

本文を参照

練習問題 3

本文を参照

Ⅱ．実践編

7章　セルフマネージメント

練習問題 1、2、3、4

ともに本文参照

8章　パフォーマンスマネージメント

練習問題 1

実践例「父親のものぐさ行動の改善」における行動目標は、「毎晩帰宅する時に靴下を表に直して洗濯かごに入れる」です。家族の中で洗濯をする役割の人にとって、臭いの強い靴下を表に直すことは苦痛でもありますので、QOL テストを合格します。

練習問題 2

実践例「父親の喫煙行動の改善」における行動目標は、「台所の換気扇の下で喫煙する」です。家族の人によってたばこの煙は、非常に不快な刺激です。しかも、この煙の摂取量が長年蓄積されることで、健康上の問題が生じる可能性も高まります。ですから QOL テストを合格します。

9章　不安や恐怖へのアプローチ

練習問題 1

❶熱い鍋に触って手を引っ込める：**レスポンデント行動**

❷グランドを走る：**オペラント行動**

❸寒くて体が震える：**レスポンデント行動**

❹背中を掻く：**オペラント行動**

❺昼ごはんのことを考える：**オペラント行動**

❻美しい景色を見て胸がジーンとする：**レスポンデント行動**

練習問題 2

❶無条件反応 UR あるいは条件反応 CR は、胸が苦しくなる、頭痛がすることです。

❷無条件刺激 US は「サリン」で、条件刺激 CS は「地下鉄」や「電車でトンネルを抜けること」です。

❸地下鉄だけでなく、地上の電車でも同様の症状が生じることを「刺激の般化」と言う。

❹日比谷線を避けて別の電車に乗る行動は「回避行動」で、「オペラント行動」です。

❺まず深刻な後遺症などは、医療的に十分な治療を施してからになりますが、系統的脱感作やエクスポージャーなどで少しずつ、地下鉄やトンネルでの場面にさらしていきながら、症状を緩和する方法が考えられます。

10章　医療・リハビリテーション分野への応用

練習問題 1

本文参照

練習問題 2

食行動に関する目標と運動に関する目標

練習問題 3

本文参照

練習問題4

見通しを持てない新奇の人、場所、治療手順に対して不安を持つことが多いので、見通しが持てるように治療者、場所、手順を視覚的に提示します。

第11章　コミュニティや社会問題へのアプローチ

練習問題1

(a) ごみ捨て禁止の立て看板のある畑でごみを捨てる

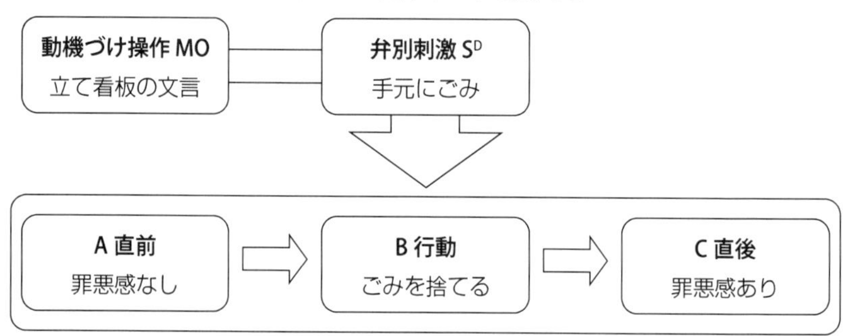

(b) 地蔵のある場所でごみを捨てる

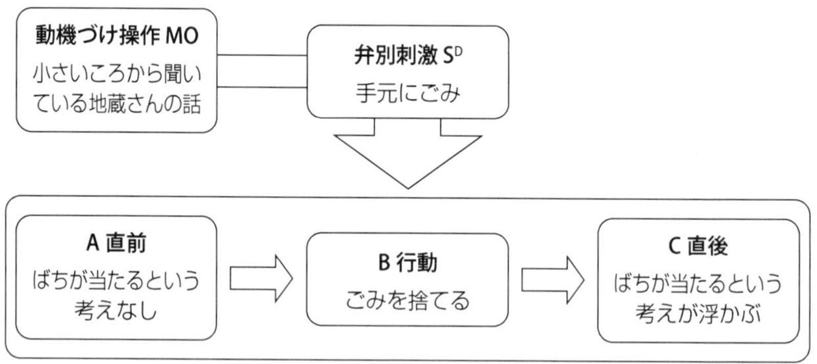

(c) 落書きのある道端でごみを捨てる

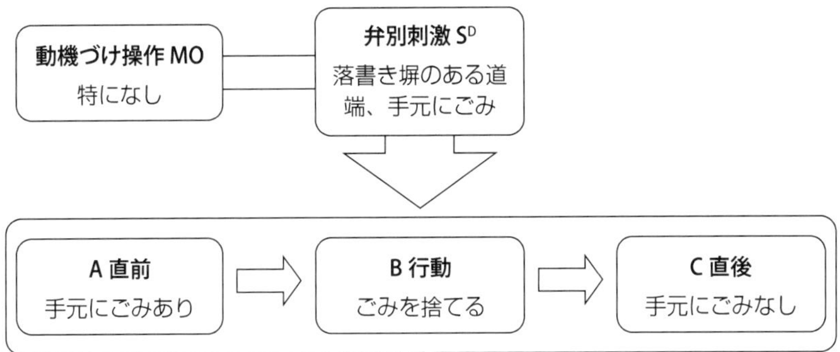

練習問題 2

理論分析

練習問題 3

以下の考察はひとつの例であって、絶対的に正しい解答ではありません。推測できる要因は幾つでもあると思います。

❶イスラム圏以外の人の「豚肉食行動を強化する随伴性」

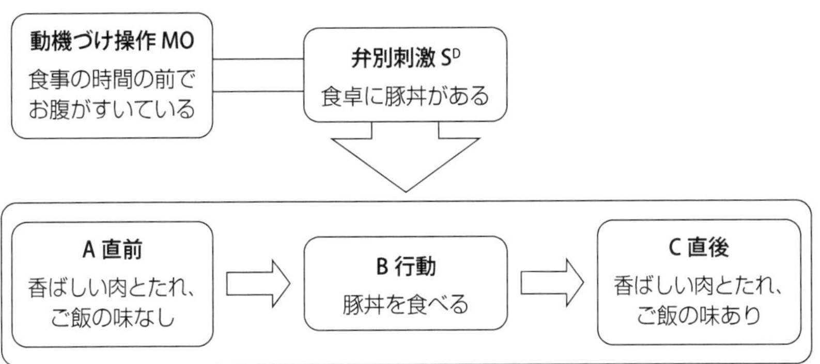

❷冷蔵庫のない時代で温暖な気候の下での「豚肉食行動を弱化するが効果のない随伴性」

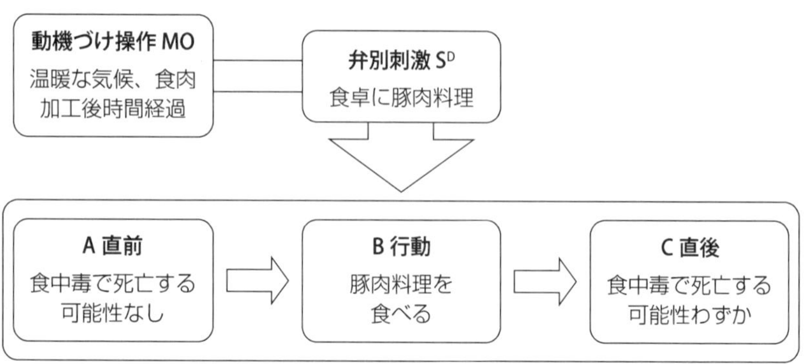

❸冷蔵庫のない時代で宗教指導者の「豚肉食行動を禁止する行動を強化する随伴性」

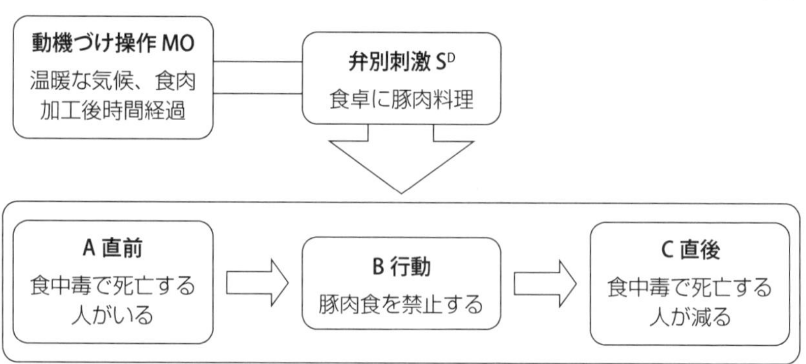

❹イスラム教の信者の「豚肉食行動の禁忌を守る行動を強化する随伴性」

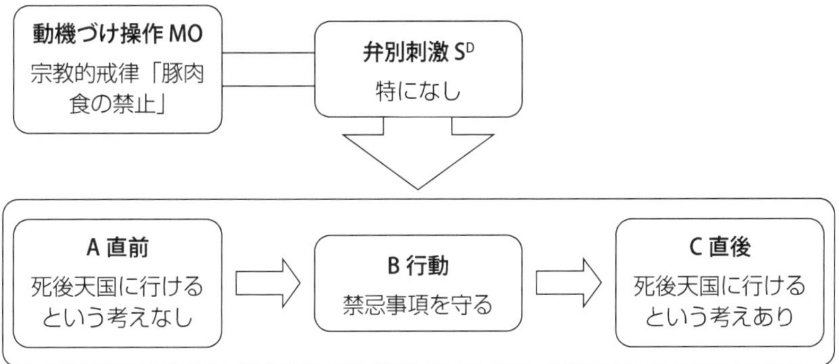

練習問題4

授業でフィードバック

付録2　授業で提出する実践課題

実践課題1　実現したい夢や希望

1．自分自身の行動について

❶なくしたい行動、困った行動は何ですか？

❷身に付けたいけど、できていない行動は何ですか？

2．周りの人（家族、友だちや仲間、近所の人、先生、バイト先や部活などの組織、地域の人々、ペットなど）の行動について

❶なくして欲しい行動、困った行動は何ですか？

❷身に付けて欲しいけど、できていない行動は何ですか？

実践課題2　行動目標の選定と記録方法

実践課題1で書いてもらったさまざまな行動の中から実践してみたいものを1つだけ選び、行動目標を記入してください。後で別の目標を考えた人は、それを書いてもらっても構いません。またその行動を記録する方法を考え、記録用紙を作ってみてください。

※1 他者の行動を目標にする場合は、本人の同意を取ってください。

※2 目標について改善の取り組みは、まだしないでください。

1．行動目標

❶対象者：

❷行動目標：

❸行動が実施される場面や状況：

❹達成基準：

2．記録方法

❶どうやって記録するか？

❷実際の記録用紙を選んで書いてください。

a）行動の生起数・持続時間・生起した証拠などを記録する場合

日　時							

b）インターバル記録：私語や貧乏ゆすりなど短時間に断続的に起こる行動や居眠りや姿勢など長時間続く行動の大まかな生起率を記録する場合

どの時間帯で記録するか、どのくらいの時間間隔で記録するのかを決めて行う

日時：

日時：

c）生活環境分析：行動目標の遂行を邪魔するような環境の要因を探る場合の記録

行動目標：	
分析する環境の見取り図：自室	行動を邪魔するモノや事柄

d）日課分析：日常の過ごし方が行動管理の問題の原因である場合の記録用紙

行動目標：		
時間	日頃の日課	問題点

e）課題分析：いくつかステップのある活動や動作の習得について記録する。
できている行動単位は○、できていない行動単位は×印をつける。

行動目標：						
	課題分析の項目	日付				
1						
2						
3						
4						
5						
6						
7						
8						
9						
10						
11						
12						
	達成率（%）＝○の数÷全体の項目数×100					

f）ABC 分析：問題となる行動の前後関係の随伴性について記録する場合

分析する行動：

A：手がかり				B：行動	C：結果	行動の機能
時間	活動・場所	関連要因	直前の手がかり	本人のとった行動	周囲の反応	

実践課題3　ベースラインの記録とグラフ化

1．ベースラインの記録

決定した行動目標について、これから一週間、記録を取って見ましょう。これは、まだ介入（改善）を行う前の自然な状態（ベースライン）を知るためのものですので、改善の取り組みは、まだしないでください。

2．ベースラインのグラフ化

6章を参照してベースライン記録のグラフを書いてください。グラフには、次のように題名、縦軸、横軸の単位をつけ、折れ線グラフで描きます。

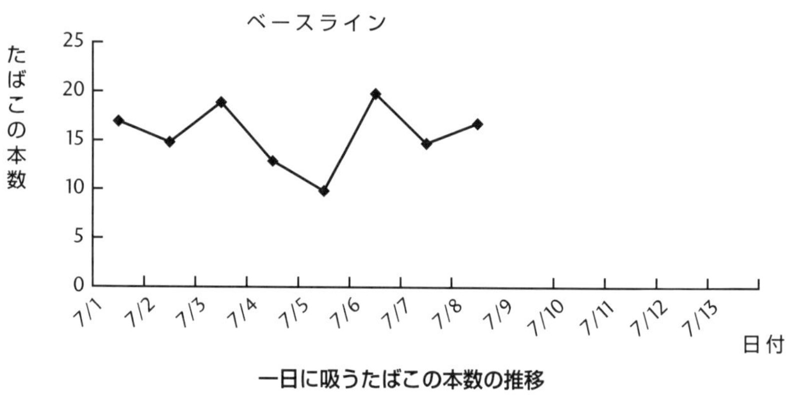

一日に吸うたばこの本数の推移

実践課題4　現状での行動随伴性の理論的分析

介入方法を考える前に、現状であるいは介入を行う前に、目標が達成できないのはなぜなのか？について行動随伴性の理論的分析を行ってください。7章や8章の行動随伴性の理論的分析を参照してください。それから継続してベースラインの記録を取り続けてください。（※改善の取り組みは、介入法が決まるまではしないでください）

1．望ましい行動を身に付けることを目標にしている人の場合

❶望ましい行動を弱化する随伴性

望ましい行動を弱化している随伴性、つまり、行動の直後に嫌子が提示される、あるいは好子がなくなるような随伴性が働いていないか考えて、文章で書いてみてください。次に随伴性の図を書いてください。

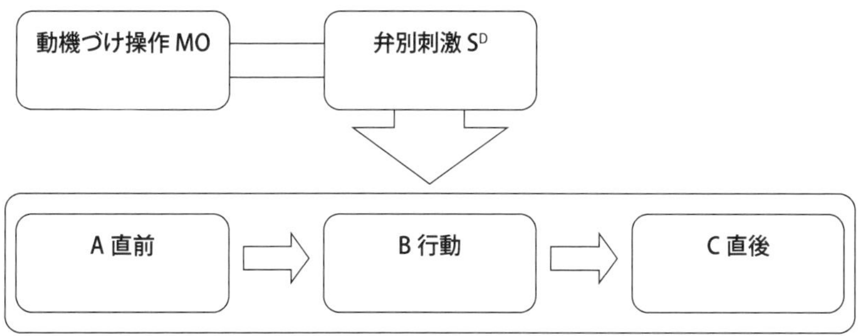

❷望ましい行動を邪魔する行動を強化する随伴性

望ましい行動に相反する、邪魔する行動がないか考えてみます。望ましい行動をする代わりに日ごろ何をしているか文章で書いてください。次にその邪魔する行動を強化する随伴性を考え、図を書いてください。

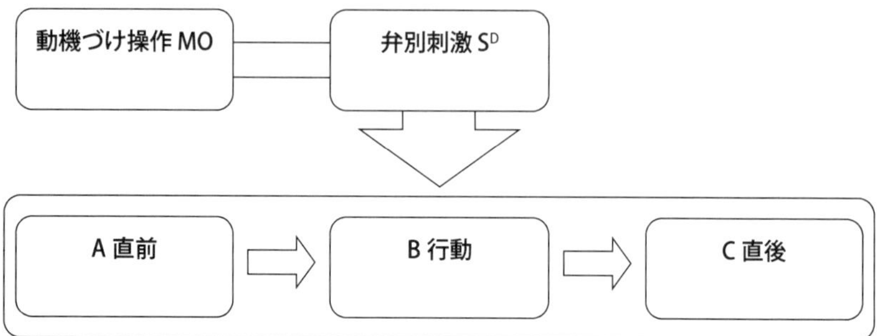

❸望ましい行動を強化するのに効果のない随伴性

なぜ望ましい行動の目標を立てたのでしょうか。目標を達成することによる本人にとってのメリット（好子の出現や嫌子の消失）は何でしょうか？それを考えて文章で書いてください。しかし、現状では効果がないのですから、結果が小さすぎる（塵も積もれば山となる型）か、確率が低い（天災は忘れた頃にやって来る型）はずです。そのどちらでしょうか？次にその随伴性を考えて図に書いてください。

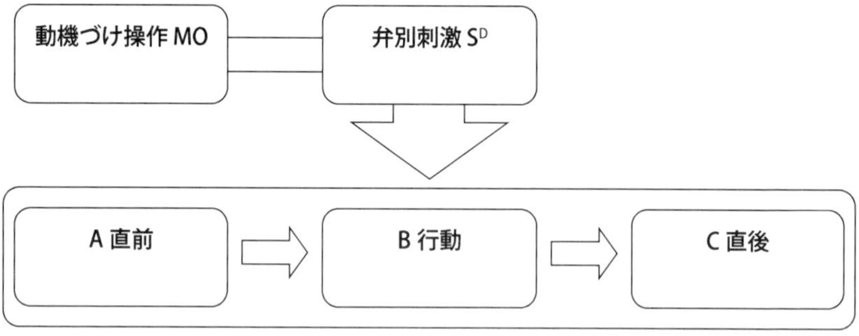

2．望ましくない行動をなくすことを目標にしている人の場合

❶望ましくない行動を強化する随伴性

望ましくない行動を強化している随伴性、つまり行動の直後に好子が提示される、あるいは嫌子がなくなるような随伴性が働いていないか考えて文章で書いてください。次にその随伴性の図を書いてください。

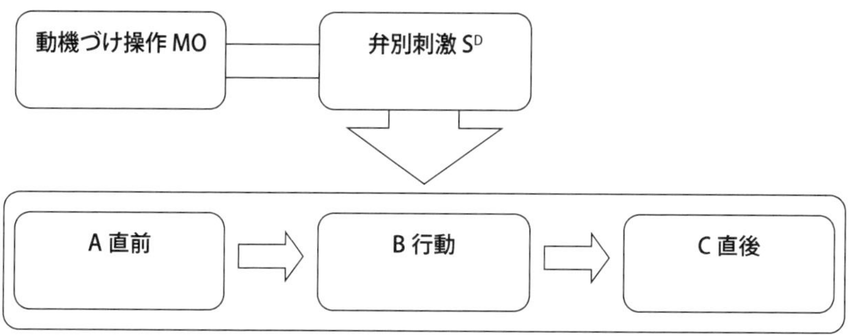

❷望ましくない行動を阻止する行動を弱化する随伴性

次に望ましくない行動をやめようと努力している行動がないか検討して、文章で書いてみましょう。しかし、その努力はうまくいっていないので、弱化されている（行動の直後に嫌子が提示されるか、好子がなくなる）はずです。その随伴性の図を書いてみましょう。

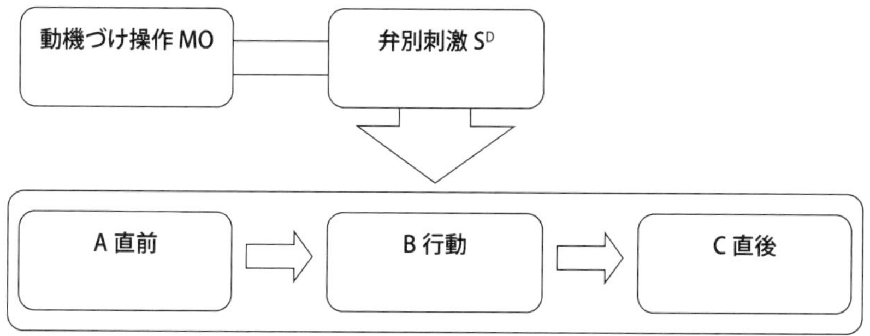

❸望ましくない行動を弱化するのに効果のない随伴性

なぜ望ましくない行動を改善する目標を立てたのでしょうか？望ましくない行動を続けることによるデメリット（嫌子の出現や好子の消失）は何でしょうか？それを考えて文章で書いてみてください。しかし、現状では、行動を弱化するのに有効に作用していないのですから、結果が小さすぎる（塵も積もれば山となる型）か、確率が低い（天災は忘れた頃にやって来る型）ということです。そのどちらでしょうか？次にその随伴性を考えて図を書いてください。

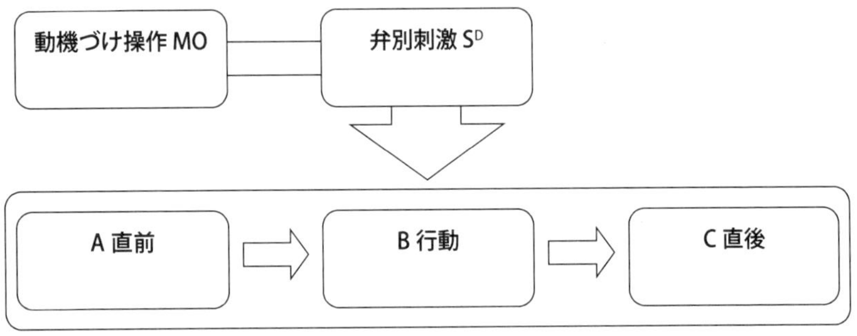

実践課題5　介入方法の選定

これまでの記録やグラフ、行動随伴性の理論的分析を基にして、目標行動を改善するための方法（介入方法）を以下の要領で書いてください。特別な介入方法を試さなくても、記録やグラフ化することで改善が見られた人もいると思います。その場合の介入方法は、「記録とグラフ化」です。介入法が決定した人は介入を始めてください。記録は継続して取り続けます。

1．行動目標：

❶対象者：

❷行動目標：

❸行動が実施される場面や状況：

❹達成基準：

2．介入方法：レベルＡ　レベルＢ　レベルＣのうちどれか？

❶具体的な介入方法：

行動の ABC モデル改善法（再掲）

レベル A 47 ～ 54 頁 わかりやすく伝える	レベル B 55 ～ 67 頁 行動を教える	レベル C 68 ～ 81 頁 結果を明確にする	
・場所と空間の整理 ・活動の整理 ・活動のチェックリスト ・用具の整理 ・わかりやすい合図 ・わかりやすい教示 ・日課や活動の視覚化 ・目標の明確化 ・記録の視覚化	・複合型レッスンと課題分析 ・リハーサルと流暢さのレッスン ・スモールステップ ・個別化 ・逆行連鎖と順行連鎖 ・部品型レッスン ・プロンプト＆フェイディング ・モデル提示 ・シェイピング	強化	・締め切り設定 ・好子・嫌子アセスメント ・仲良しの法則 ・楽しみは後で ・チェックリストとご褒美 ・強化スケジュール ・正誤のフィードバック ・サンドイッチの法則 ・分化強化
		消去	
		弱化	・タイムアウト ・レスポンスコスト ・過剰修正

❷介入を始めた日時：

実践課題6　ベースラインと介入のデータのグラフ化

これまでのベースラインと介入の記録をグラフ化してください。グラフ化の留意点などについては、6章を参照してください。グラフには、題名、縦軸、横軸の単位をつけ、折れ線グラフで描きます。ベースラインと介入を隔てる箇所は、データを線で結ばず、縦で線を引いてください。

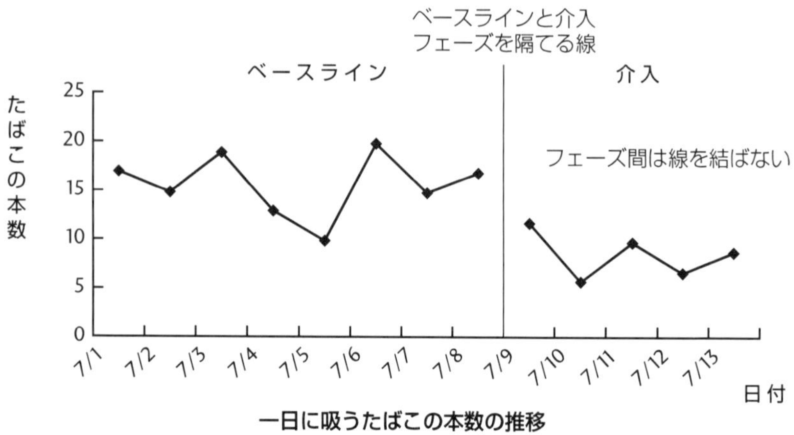

一日に吸うたばこの本数の推移

実践課題7　介入の行動随伴性の理論的分析

1．介入によって行動が改善された場合

介入によって目標行動が改善したのはなぜなのか？の理論的分析を行ってください。そのために、「目標行動の遂行に効果のある介入の随伴性」を考えてください。複数考えられる場合は複数書いてください。介入が成功した人は、一旦ここで記録は終了です。別の目標を作って頑張りたい人は、また実践課題2から始めてもらっても構いません。

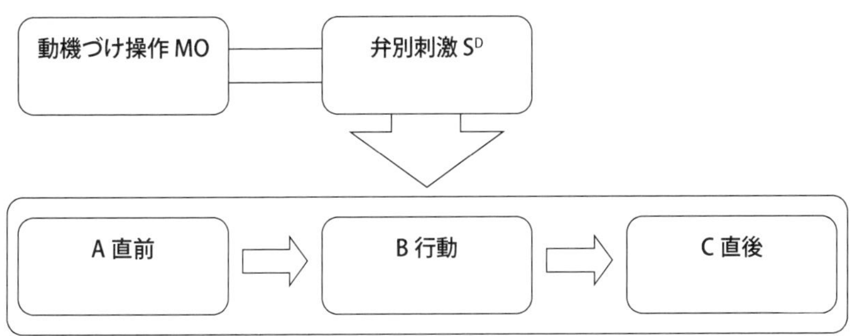

2．介入によって行動が改善されなかった場合

介入を行っても目標行動が改善しなかったのはなぜなのか？の理論的分析を行ってください。そのために「目標行動の遂行に効果のない介入の随伴性」を考えてください。複数考えられる場合は複数書いてください。介入が成功しなかった人は、新たな介入法を考え実践課題5から再びはじめてください。

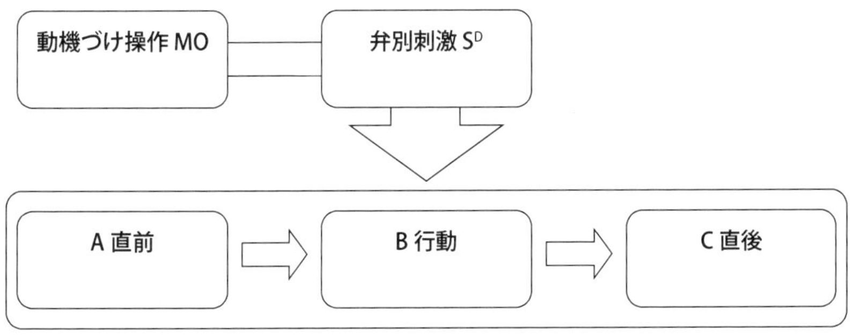

実践課題8　介入の社会的妥当性の評価

表6－1　自身の実践に関する社会的妥当性の評定の例

質問項目	全くそう思わない -3	-2	-1	どちらともいえない 0	1	2	とてもそう思う 3
1）今回の介入や実践を通じて行動は改善された	-3	-2	-1	0	1	2	3
2）今回行った介入や実践は、負担が小さかった	-3	-2	-1	0	1	2	3
3）今回行った介入や実践は、動機づけが高く、楽しいものだった	-3	-2	-1	0	1	2	3
4）行動を変えるために、今回の介入方法は良いと思う	-3	-2	-1	0	1	2	3
5）行動科学に基づく方法は、わかりやすく役に立つと思う	-3	-2	-1	0	1	2	3
6）今後は、他の行動に関しても、行動科学に基づく介入方法を実践してみたい	-3	-2	-1	0	1	2	3
自由な感想							

付録3　実践レポートのまとめ方

対人支援の方法論として行動分析学を自分のものとして学ぶには、実際に何らかの問題解決に取り組んでみることが有効です。9章や10章では、生活に身近な問題について行動分析的な介入に取り組んだ学生の実践事例を紹介しました。実際の事例を通して、問題解決のための目標設定から、行動随伴性の分析、介入法の計画と実施、結果と考察までのプロセスの概略を学べます。ここでは、実践レポートのまとめ方について解説します。

レポートは、A4の用紙にワープロで記入してください（ワープロを持っていない人は、手書きでも構いません）。

レポートの形式

表紙
本文　1．はじめに
　　　2．方法
　　　3．結果
　　　4．考察

表紙　**レポートには、表紙をつけてください。**

・題　　名：例）「父親の家での喫煙行動の改善」
　　　　　　自分のレポートの内容に合ったユニークな題名を考えてください。
・名　　前：例）玄海　松五郎（げんかい　まつごろう）
・学籍番号：例）20050714
・提出年月日：例）2005年7月14日

本文　**各項目には、以下のような番号とタイトルをつけて、わかりやすく記述してください。**

1．はじめに

自分が改善しようとしている事柄は何か？これまでの経緯や背景は何か？応用行動分析とはどんな学問で、問題の改善のためにどう役立つのか？など。

2．方法

1）行動目標

行動目標は、以下のような項目で順番に意味の通る文章で記入してください。

❶対象者：対象者の名前は、プライバシーの保護が必要な場合はイニシャル（たとえば、山田太郎ならば TY）や仮名（たとえば、ひろしなど）で書く。その他その人の背景となる情報を書く。

❷行動目標：客観的、具体的な行動の用語で記述する。

❸行動が起こる状況：行動が生じて欲しい状況や場面などを記述する。

❹行動の達成基準：最終的にどの位できれば達成できたと言えるのか基準（頻度、持続時間、割合、行動の履歴など）を書く。

2）介入前のアセスメント

問題を把握するためのアセスメントや記録として何を行ったか、問題の原因は何かを記入してください。（※目標において⑴か⑵のいずれかになります）

(1) 望ましい行動を身に付けることを目標にしている人の場合

❶望ましい行動を弱化する随伴性

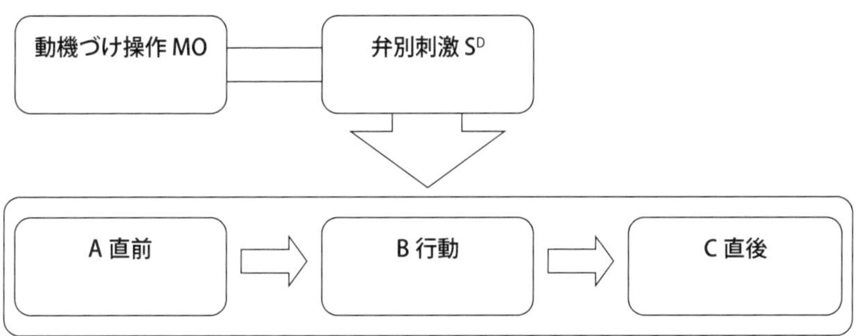

❷望ましい行動を邪魔する行動を強化する随伴性

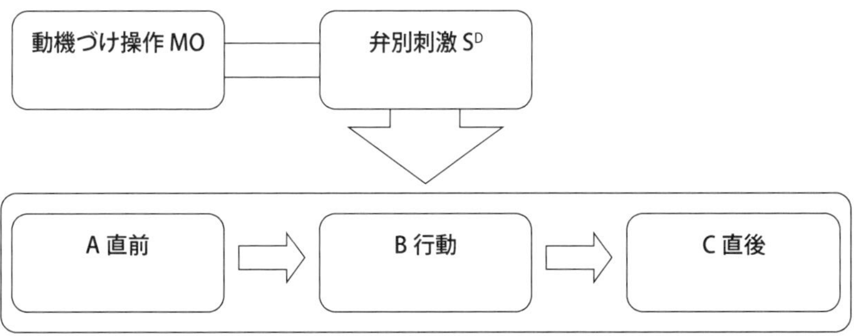

❸望ましい行動を強化するのに効果のない随伴性

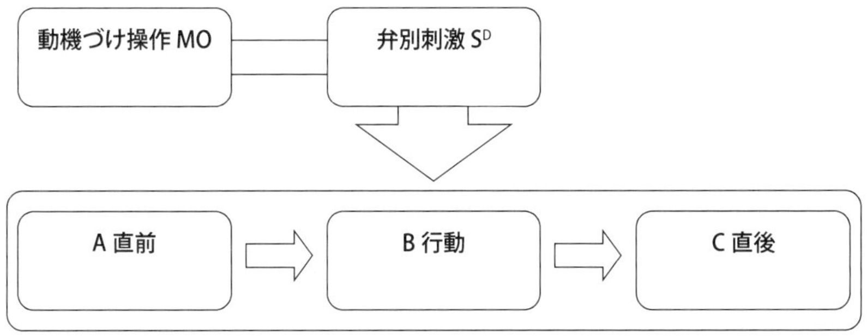

「塵も積もれば山となる型」または「天災は忘れた頃にやって来る型」のいずれか？

(2) 望ましくない行動をなくすことを目標にしている人の場合

❶望ましくない行動を強化する随伴性

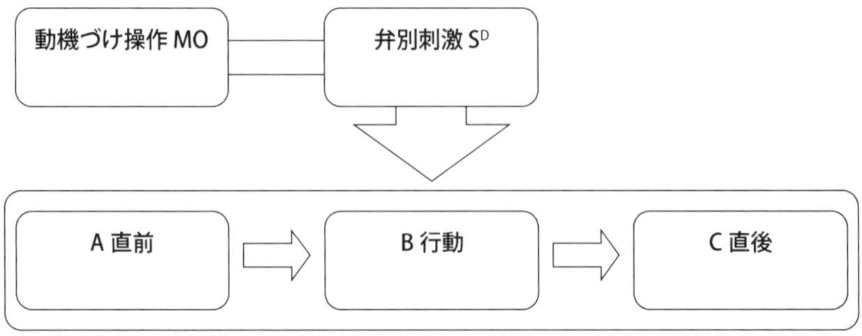

❷望ましくない行動を阻止する行動を弱化する随伴性

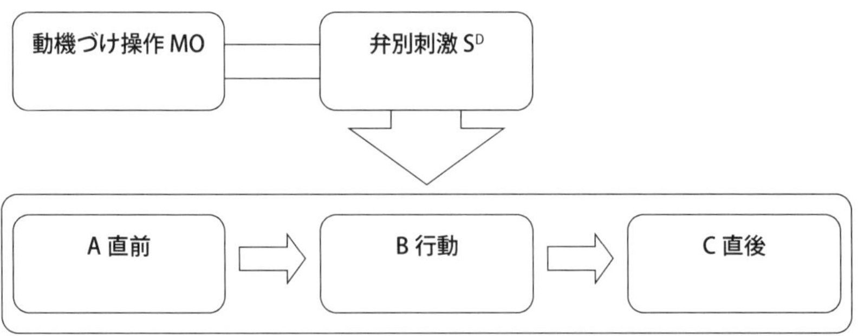

❸望ましくない行動を弱化するのに効果のない随伴性

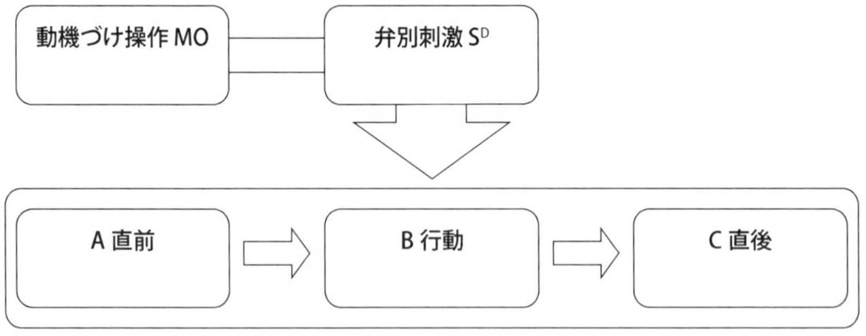

「塵も積もれば山となる型」または「天災は忘れた頃にやって来る型」のいずれか？

3）介入法について

問題を改善するために実際に行った介入方法について、分かりやすく意味が通るように文章で記述してください。介入法が複数ある場合は、介入 1、介入 2 など区別して書いてください。行動を観察し記録する方法も書いてください。

行動の ABC モデル改善法

<table>
<tr><th>レベル A 47 ～ 54 頁
わかりやすく伝える</th><th>レベル B 55 ～ 67 頁
行動を教える</th><th colspan="2">レベル C 68 ～ 81 頁
結果を明確にする</th></tr>
<tr><td rowspan="3">・場所と空間の整理
・活動の整理
・活動のチェックリスト
・用具の整理
・わかりやすい合図
・わかりやすい教示
・日課や活動の視覚化
・目標の明確化
・記録の視覚化</td><td rowspan="3">・複合型レッスンと課題分析
・リハーサルと流暢さのレッスン
・スモールステップ
・個別化
・逆行連鎖と順行連鎖
・部品型レッスン
・プロンプト＆フェイディング
・モデル提示
・シェイピング</td><td>強化</td><td>・締め切り設定
・好子・嫌子アセスメント
・仲良しの法則
・楽しみは後で
・チェックリストとご褒美
・強化スケジュール
・正誤のフィードバック
・サンドイッチの法則
・分化強化</td></tr>
<tr><td colspan="2">消去</td></tr>
<tr><td>弱化</td><td>・タイムアウト
・レスポンスコスト
・過剰修正</td></tr>
<tr><th colspan="4">学習された不安や恐怖の対処法 125 ～ 139 頁</th></tr>
<tr><td colspan="4">フラッディング　　不安事態への再挑戦
エクスポージャー
系統的脱感作　　筋弛緩訓練
予期不安克服のためのイメージトレーニング
対人不安克服のための自己主張訓練</td></tr>
</table>

3．結果

下記の AB デザインのグラフの例を参考にして、結果を表わすグラフを添付して、その変化の様子を文章で記述してください。グラフには、題名、縦軸、横軸の単位をつけ、折れ線グラフで描きます。ベースラインと介入を隔てる箇所は、データを線で結ばず、縦で線を引いてください。

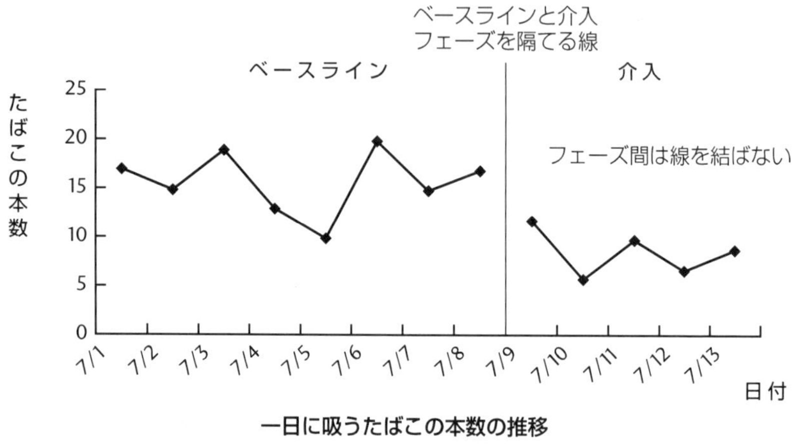

一日に吸うたばこの本数の推移

4．考察

まず、介入による行動随伴性の図を書いて、その説明を文章で書いてください。次に、その介入法が上手くいったのか、あるいは上手くいかなかったのかの説明を文章で書いてください。最後に、社会的妥当性の評価の表を加えて、これからの課題や感想も書き加えてください。

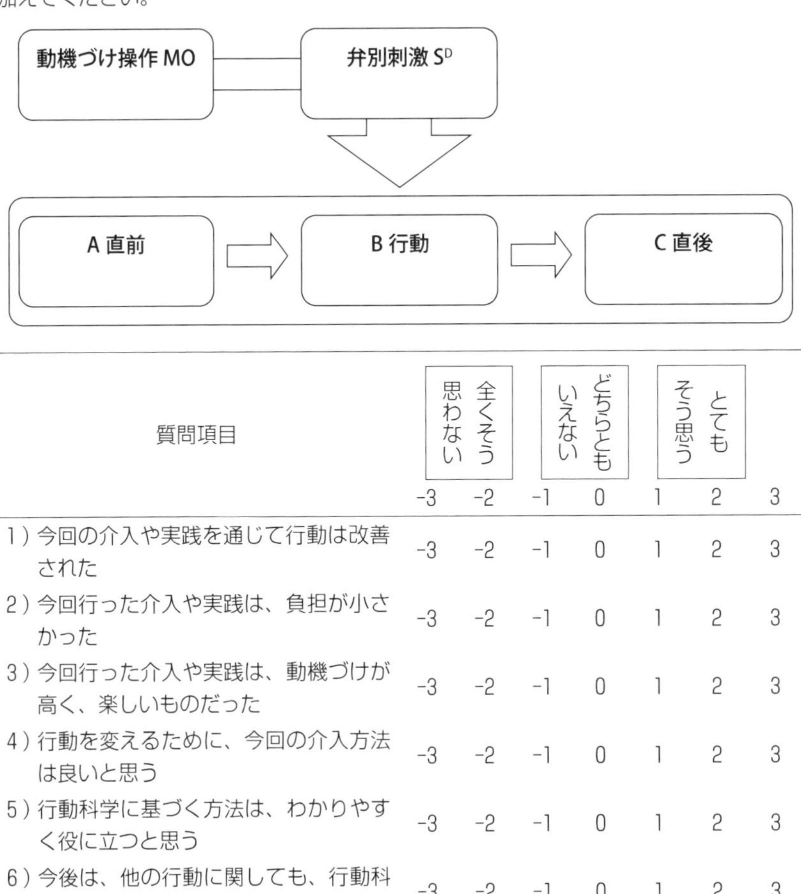

質問項目	全くそう思わない		どちらともいえない		とてもそう思う		
	-3	-2	-1	0	1	2	3
1）今回の介入や実践を通じて行動は改善された	-3	-2	-1	0	1	2	3
2）今回行った介入や実践は、負担が小さかった	-3	-2	-1	0	1	2	3
3）今回行った介入や実践は、動機づけが高く、楽しいものだった	-3	-2	-1	0	1	2	3
4）行動を変えるために、今回の介入方法は良いと思う	-3	-2	-1	0	1	2	3
5）行動科学に基づく方法は、わかりやすく役に立つと思う	-3	-2	-1	0	1	2	3
6）今後は、他の行動に関しても、行動科学に基づく介入方法を実践してみたい	-3	-2	-1	0	1	2	3
自由な感想							

＋ 参考文献

アルバート，P. A. & トルートマン，A. C. 著（2004）はじめての応用行動分析日本語版第２版．佐久間徹・谷晋二・大野裕史訳．二弊社.

安酸史子（2000）糖尿病患者をサポートするための考え方とアプローチ法－患者教育における学習理論－．看護技術，46，13，23-27.

Backman, B. & Pilebro, C.（1999）Visual pedagogy in dentistry for children with autism. ASDC Journal of Dentistry for Children, 66, 325-331. 門眞一郎（訳）（2001）視覚的指導による自閉症児の歯科診療．高木隆郎ら（編）自閉症と発達障害研究の進歩．星和書店，5，301-309.

Bailey, J. S. & Burch, M. R.（2002）Research methods in applied behavior analysis. Sage.

バーロー，D. H.・ハーセン，M.（著）高木俊一郎・佐久間徹監訳（1988）一事例の実験デザイン－ケーススタディの基本と応用．二瓶社.

Bear, D. M., Wolf, M. M., and Risley, T. R.（1968）Current dimensions of applied behavior analysis. Journal of Applied Behavior Analysis, 1, 91-97.

Carr, E. G., Levin, L., McConnachie, G., Carlson, J. I., Kemp, D. C., & Smith, C. H.（1994）Communication-based intervention for problem behavior: A user's guide for producing positive change. Baltimore: Paul H. Brookes.

Cautela, J. R. and Groden, J.（1987）Relaxation: A comprehensive manual for adults, children, and children with special needs'. Illinois: Research Press Company.

Englemann, S. & Carnine, D.（1991）Theory of Instruction: Principle and Applications（Rev. Ed.）, Eugene, OR: ADI Press.

グレイ，J.（著）大島渚訳（1993）ベスト・パートナーになるために．三笠書房.

張替直美（1993）糖尿病の社会・心理面からのアプローチ－糖尿病患者への行動療法的アプローチ－．野口美和子（監）佐藤栄子（編）ナーシング・アプローチ－糖尿病の看護－．桐書房，101-109.

ヘネンホッファー，G.・ハイル，K. D.（著）生和秀敏・生和禎子訳（1993）不安の克服－不安の行動論と自己訓練法－．北大路書房.

ヘイズ，L. J.・ヘイズ，G. J.・ムーア，S. C.・ゲッチ，P. M.（監修），望月昭・富安ステファニー（監訳）(1998) 発達障害に関する10の倫理的課題．二瓶社．
Holland, J. G., Solomon, C., Doran, J., & Frezza, D. A. (1976) The Analysis of Behavior in Planning Instruction. Addison-Wesley Publishing Company.
ホーナー，R.・ダンラップ，G.・ケーゲル，R.（編）小林重雄・加藤哲文監訳（1992）自閉症，発達障害者の社会参加をめざして．－応用行動分析からのアプローチ－．二瓶社．
今泉浩晃（1988）超メモ学入門 マンダラートの技法－ものを「観」ることから創造が始まる．日本実業出版社．
今本繁・島宗理（2008）改訂版対人支援の行動分析学－看護・福祉・教育職をめざす人のABA入門．ふくろう出版．
鎌倉やよい・坂上貴之（1996）手術前呼吸練習プログラム開発とその効果の検討．行動分析学研究，19，2-13.
河合伊六監修（2005）リハビリテーションのための行動分析学入門．医歯薬出版株式会社．
北九州市環境局（2002）ごみ出しマニュアル－正しいごみの出し方－．北九州市管理組合営業マニュアル http://www.haseko.co.jp/hcm/k_mnu/kmnu_05_01.html
小林重雄（1982）講座自閉症児の集団適応．－社会的自立をめざす治療教育－．学研．
小林重雄・杉山雅彦編著（1984）自閉症児のことばの指導．日本文化科学社．
小林重雄（監修）山本淳一・加藤哲文編著（1997）応用行動分析学入門．－障害児者のコミュニケーション行動の実現を目指す－．学苑社．
Koegel, R. L., O'Dell, M. C., & Koegel, L. K. (1987) A natural language teaching paradigm for nonverbal autistic children. Journal of Autism and Developmental Disorders, 17, 187-200.
Koegel, L. K., Koegel, R. L., & Dunlap, G. (Eds.) (1996) Positive behavioral support: Including people with difficult behavior in the community. Baltimore: Paul H. Brookes.
国立研究開発法人国立がん研究センターがん予防・検診研究センター．多目的コホート研究，たばこと死亡率との関係について．http://epi.ncc.go.jp/jphc/outcome/252.html
久野能弘・桑田繁（1988）フリーオペラント技法による自閉症児の言語形成（その２）．上里一郎（編），心身障害児の行動療育．同朋舎，94-129.
ルイセリー，J. K.・キャメロン，M. J.（編）園山繁樹他訳（2001）挑戦的行動の先行子操作．－問題行動への新しい援助アプローチ－．二瓶社．

Mager, R. F.（1988）Making instruction work. David S. Lake Publishers.

Malott, R. W.（1992a）Should we train applied behavior analysts to be researcher? Journal of Applied Behavior Analysis, 25, 83–88.

Malott, R. W.（1992b）A Theory of Rule-Governed Behavior and Organizational Behavior Management. In T. C. Mawhinney（Ed.）, Organizational Culture, Rule-Governed Behavior and Organizational Behavior Management: Theoretical Foundations and Implications for Research and Practice. The Haworth Press, Inc., New York, 45–65.

Malott, R. W., McNaughton, T., Paul, J., Rohn, D., & Haroff, L.（2000）Behavioral Systems Analysis and Organizational Behavior Management. In R. W. Malott（Eds.）, Psychology 671 Survey of Applied Behavior Analysis Research Summer 2000.

Markle, S. M.（1990）Design for Instructional Designers. STIPES.

松井秀喜（2015）エキストラ・イニングス――僕の野球論．文芸春秋．

松岡勝彦・佐藤晋治・武藤崇・馬場傑（2000）視覚障害者に対する環境的障壁の低減－駐輪問題への行動コミュニティ心理学的アプローチ－．行動分析学研究，15，1，25–34.

Melissa, Bateson, Nettle, & Robert（2006）"Cues of being watched enhance cooperation in a real-world setting". Biology letters, 2, 412–414.

免田賢（1998）困った行動を減らすには．山上敏子（監）発達障害児を育てる人のための親訓練プログラム．お母さんの学習室．二瓶社，103–116.

Mesibov, G. B., Schopler, E., & Hearsey, K. A.（1994）Structured Teaching. In E. Schopler & G. B. Mesibov（Eds.）, Behavioral Issues in Autism, 195–207.

メイザー，J.（著）磯博行・坂上貴之・川合伸幸訳（1999）メイザーの学習と行動．二瓶社．

森下研（1997）ごみ問題をどうするか－廃棄・処理・リサイクル－．岩波ブックレットNo.440，岩波書店．

Morris, R.（1976）*Behavior modification with children.* Cambridge, MA: Winthrop Publications.

中島佳緒里・鎌倉やよい・深田順子・山口真澄・小野田嘉子・尾沼奈緒美・中村直子・金田久江（2004）幽門側胃切除術後の食事摂取量をセルフコントロールするための指標の検討．日本看護研究学会雑誌，27，2，59–66.

ナイ，R. D.（著）河合伊六（訳）（1995）臨床心理学の源流フロイト･スキナー･ロージャズ．二瓶社，63-127.

西谷佐智子・岡山ミサ子（2001）透析患者の生活の視点に立ったセルフケアの支援．草野英二（編）透析療法の基礎知識．メヂカルフレンド社，192-201.

大野裕史・杉山雅彦・谷晋二・武蔵博文・中矢邦夫・園山繁樹・福井ふみ子（1985）いわゆる「フリーオペラント」法の定式化－行動形成法の再検討－．筑波大学心身障害学研究，9（2），91-102.

O'Neil, R., Horner, R., & Albin, R.（1990）Functional analysis of problem behavior: a practical assessment guide. Sycamore.

小野昌彦（2013）学校・教師のための不登校支援ツール：不登校ゼロを目指す包括支援ガイド．風間書房.

Premack, D.（1959）Towards empirical behavior laws. I: positive reinforcement. Psychological Review, 66, 219-233.

Premack, D.（1965）Reinforcement theory. In D. Levine（Ed.）, Nebraska Symposium on Motivation, University of Nebraska Press, Lincolin.

プライア K.（著）河嶋孝・杉山尚子訳（1998）飼い猫から配偶者まで－.うまくやるための強化の原理－．二瓶社.

Rachman, S. J.（1996）Trends in cognitive and behavioral therapies. In P. M. Salkovskis（ed.）New York, Wiley. 坂野雄二・岩本隆茂監訳（1998）認知行動療法．金子書房.

レイノルズ, G. S.（著）浅野俊夫（訳）（1978）オペラント心理学入門－行動分析への道－.サイエンス社.

レミントン，B.（編）小林重雄監訳（1999）重度知的障害への挑戦．二瓶社.

佐久間徹（1988）フリーオペラント技法による自閉症児の言語形成－構音困難を伴う自閉症児に対するワン・サウンド・センテンスの試み－（その１）．上里一郎（編），心身障害児の行動療育．同朋舎，62-93.

実森正子・中島定彦（2000）学習の心理－行動のメカニズムを探る－．サイエンス社.

佐々木正美（1993）自閉症療育ハンドブック．－TEACCH プログラムに学ぶ－．学研.

佐藤方哉（1976）行動理論への招待．大修館書店.

佐藤方哉（1987）行動分析－徹底的行動主義とオペラント条件づけ－．財団法人安田生命社会事業団（編）精神衛生専門講座．臨床心理学の基礎知識，財団法人安田生命社会事業団.

佐藤晋治・武藤崇・松岡勝彦・馬場傑・若井広太郎（2001）点字ブロック付近への迷惑駐輪の軽減－データ付きポスター掲示の効果－．行動分析学研究，16，1，36-47.

Schopler, E., Mesibov, G. B., & Hearsey, K.（1995）Structured teaching in the TEACCH system. In E. Schopler & G. B. Mesibov（Eds.）, Learning and Cognition in Autism, 243-268.

島宗理（2000）パフォーマンス･マネジメント－問題解決のための行動分析学．米田出版.

島宗理（2004）インストラクショナルデザイン－教師のためのルールブック－．米田出版.

島宗理ほか（2002）行動分析学にもとづいた臨床サービスの専門性：行動分析士認定協会による資格認定と職能分析．行動分析学研究，17，2，174-208.

Skinner, B. F.（1938）The behavior of organisms: An experimental analysis. Appleton.

Skinner, B. F.（1953）Science and human behavior. Macmillan.

Skinner, B. F.（1957）*Verbal behavior.* New York: Appleton-Century-Crofts.

Skinner, B. F.（1990）The non-punitive society. 佐藤方哉（訳）罰なき社会．行動分析学研究 , 5, 87-106.

園山繁樹（1999）行動問題に関する援助－相互行動論からの援助アプローチ－．小林重雄監修，発達障害の理解と援助．コレール社．125-132.

園山繁樹（2000）行動的立場の考え方と援助アプローチ．長畑正道･小林重雄･野口幸弘･園山繁樹（編），行動障害の理解と援助．コレール社，100-121.

スペイツ，R. C.（2002）PTSD（心的外傷後ストレス障害）－行動分析学による理解と治療－．行動分析学研究，17，2，161-173.

杉山尚子（2002）行動する人間の理解．長田久雄（編）看護学生のための心理学．医学書院，209-265.

杉山尚子･島宗理･佐藤方哉･マロット，R. W.・マロット，M. E.（1998）行動分析学入門．産業図書.

高田博行（1991）障害児の問題行動－その成り立ちと指導方法－．二瓶社.

玉淵恵・岡山ミサ子（1998）自己管理をめざした透析患者の教育．太田和夫（編）新しい透析看護の知識と実際．メディカ出版，158-169.

山本淳一（1997）要求言語行動の形成技法の基礎．小林重雄（監），応用行動分析学入門．学苑社，160-174.

山崎裕司・長谷川輝美・山本淳一・鈴木誠（2001）理学療法における応用行動分析学－３．治療場面への応用－．PT ジャーナル，35，3，219-225.

財団法人安田生命社会事業団 IEP 調査研究会（1995）個別教育計画の理念と実践－IEP 長期調査研究報告書－．財団法人安田生命社会事業団.

索　引

〈著者略歴〉

今本　繁（いまもと　しげる）

1997年　筑波大学博士課程心身障害学研究科教育学修士取得.

1997年　社団法人大野城すばる園にて研究及び非常勤指導員.

1999年　国立病院機構肥前療養所（現肥前精神医療センター）心理療法士.

2000年　Western Michigan University 心理学部行動分析学夏期講座修了.

2001年　University of North Carolina at Chapel Hill 医学部精神科
Division TEACCH, Greenville TEACCH Center インターン研修.

2002年　西南女学院大学・保健福祉学部・福祉学科．専任講師

2006年　ピラミッド教育コンサルタントオブジャパン（株）代表取締役

2015年　ABC研究所　代表

2017年　合同会社ABC研究所　代表社員（現在に至る）
教育学修士（筑波大学）臨床心理士（登録番号7644）
自閉症スペクトラム支援士EXPERT

主な著書に『対人支援の行動分析学』（ふくろう出版）『自閉症の子どもたちの生活を支える－すぐに役立つ絵カード作成用データ集』、訳本に『見える形でわかりやすく』（エンパワーメント研究所）『絵カード交換式コミュニケーションシステム第2版』（ピラミッド教育コンサルタントオブジャパン）など

ウェブページ：http://www.abclab15.com/
フェイスブック：https://www.facebook.com/shigeru.imamoto

イラスト
中井誠子

自分を変えたい人のためのABCモデル 改訂版

教育・福祉・医療職を目指す人の応用行動分析学(ABA)

2016年 4月25日 初版発行
2020年 1月10日 改訂版発行
2022年 5月22日 改訂版2刷発行

著 者 今本 繁

発 行 ふくろう出版
〒700-0035 岡山市北区高柳西町1-23
友野印刷ビル
TEL:086-255-2181
FAX:086-255-6324
http://www.296.jp
e-mail:info@296.jp
振替 01310-8-95147

印刷・製本 友野印刷株式会社

ISBN978-4-86186-777-4 C3011